# 突破貧困

## 智慧與速度的
## 財富遊戲

**重塑金錢觀、培養行動力，**
從內在渴望到外在成就，探索致富的深層策略！

關於「致富」跟「自我實現」，這兩件事可以兼顧嗎？

設定明確目標 ╳ 發掘潛在商機

制定消費計畫 ╳ 培養工作習慣

趙劭甫，刑春如　主編

啟發內在動力與外在行動，打造物質與精神的雙重富足心法！

# 目錄

### 第三章
### 財富的積聚

## 第四章
## 財富的奠定

# 第一章

## 財富的獲取

# 金錢並非萬能

「金錢永遠只是金錢，而不是快樂，更不是幸福。」

這是希爾的一句名言。這裡有關於富豪洛克斐勒（Rockefeller）的一段故事，它為這句名言做了最好的註腳。

在賓夕凡尼亞州，有一段時間，當地人們最痛恨的就是洛克斐勒。被他打敗的競爭者將他的全身像吊在樹上洩恨。充滿火藥味的信件如雪花般湧進他的辦公室，威脅要取他的性命。他僱用了許多保鏢，防止遭敵人殺害。他試圖忽視這些仇視怒潮，有一次曾以諷刺的口吻說：「你儘管踢我罵我，但我還是按照我自己的方式行事。」

但他最後還是發現自己畢竟也是凡人，無法忍受人們對他的仇視，也受不了憂慮的侵蝕。他的身體開始不行了。疾病從內部向他發動攻擊，令他措手不及、疑惑不安。

起初，他試圖對自己偶爾的不適保持祕密。但是，失眠、消化不良、掉頭髮 —— 全身煩惱和令精神崩潰的肉體病症 —— 卻是無法隱瞞的。最後，他的醫生把實情坦白地告訴他。他只有兩種選擇：或是財富和煩惱，或是性命。他們警告他：必須在退休和死亡之間做一抉擇。

　　他選擇退休。但在退休之前，煩惱、貪婪、恐懼已徹底破壞了他的健康。美國最著名的傳記女作家艾達‧塔貝爾見到他時嚇壞了。她寫道：「他臉上所顯示的是可怕的衰老，我從未見過像他那樣蒼老的人。」

　　醫生們開始挽救洛克斐勒的生命，他們為他立下三條規則──這是他以後奉行不渝的三條規則：

1. 避免煩惱。在任何情況下，絕不為任何事煩惱。
2. 放鬆心情。多在戶外做適當運動。
3. 注意節食。隨時保持半飢餓狀態。

　　洛克斐勒遵守這三條規則，因此而挽救了自己的性命。退休後，他學習打高爾夫球、整理庭院、和鄰居聊天、打牌，唱歌等。

　　但他同時也做別的事。溫克勒說：「在那段痛苦及失眠的夜晚裡，洛克斐勒終於有時間自我反省。」他開始為他人著想，他曾經一度停止去想他能賺多少錢，開始思索那筆錢能換取多少人的幸福。

　　簡而言之，洛克斐勒現在開始考慮把數百萬的金錢捐出去。有時候，做件事可真不容易，當他奉獻給一座教堂時，全國各地的傳教士齊聲發出反對的怒吼：「腐敗的金錢！」

　　但他繼續捐獻。在獲知密西根湖岸的一家學院因為抵押權而被迫關閉時，他立刻展開援助行動，捐出數百萬美元去

援助那家學院，將它建設成為目前舉世聞名的芝加哥大學。

他也盡力幫助黑人。當塔斯基吉黑人大學需要基金來完成黑人教育家華盛頓·卡弗（Washington Carver）的志願時，他毫不遲疑地捐出鉅款。他也幫忙消滅十二指腸蟲。當著名的十二指腸蟲專家史太爾博士說：「只要價值五角錢的藥品就可以為一個人治癒這種病 —— 但誰會捐出這五角錢呢？」洛克斐勒捐出數百萬美元消除十二指腸蟲，解除了使美國幾乎一度陷於癱瘓的這種疾病。然後，他又採取更進一步的行動，成立了一個龐大的國際性基金會 —— 洛克斐勒基金會，致力於消滅全世界各地的疾病、文盲及無知。

像洛克斐勒基金會這種壯舉，在歷史上前所未見。洛克斐勒深知全世界各地有許多有識之士進行著許多有意義的活動。但是這些高超的工作卻經常因缺乏資金而宣告結束。他決定幫助這些人道的開拓者 —— 並不是「將他們接收過來」，而是給他們一些錢來幫助他們完成工作。

今天，你我都應該感謝約翰·D·洛克斐勒，因為在他的金錢資助下，發明了青黴素以及其他多種新藥。他使你的孩子不再因染患腦膜炎而死亡；他使我們克服了瘧疾、肺結核、流行性感冒、白喉和其他目前仍危害世界各地人們健康的疾病。

洛克斐勒把錢捐出去之後，是否已獲得心靈的平安？他最後終於感覺滿足了。

　　洛克斐勒十分快樂。他已完全改變，完全不再煩惱。因為他意識到：金錢永遠只是金錢，它不是快樂，更不是幸福。他用正確的態度和方法處理和看待金錢。因而他從此成了真正「快樂的富豪」。

# 君子愛財，取之有道

金錢可以做壞事，也可以做好事，關鍵在於用之有道，金錢除了滿足基本生活花費外，還可用於慈善事業。

洛克斐勒家族，透過贈與金錢，給成千上萬的人帶來了幸福。

在 19 世紀與 20 世紀之交，許多曾使美國工業蓬勃發展的大人物開始陸續離開人世，他們的龐大家產將落在誰的手中，不少人都極為關心。

人們預料那些繼承人大多數將難守父業，會白白地把遺產揮霍掉。

就拿大名鼎鼎的鋼鐵大王約翰‧W‧蓋茲（John W. Gates）來說，他曾在鋼鐵工業界因冒險而贏得「一賭百萬金」的稱號。後來他把家產傳給兒子，兒子卻揮霍無度，以致人們給他取了一個渾號叫「一擲百萬金」。

人們自然也以極大的熱情關注著小洛克斐勒。

1905 年《世界主義者》雜誌發表了一組題為「他將怎麼安排它？」的文章，開場白這樣寫道：

人們對於世界上最大的一筆財產，即約翰‧D‧洛克斐勒

先生的財產今後的安排感到很大興趣。這筆財產在幾年之中將由他的兒子小約翰‧戴‧洛克斐勒來繼承。不言而喻，這筆錢影響所及的範圍是如此廣泛，以致繼承這樣一筆財產的人完全能夠施展自己的財力去徹底改革這個世界……要不，就用它去做壞事，使文明推遲 1/4 個世紀。

此時，在老洛克斐勒晚年最信任的朋友、牧師蓋茲先生的勤奮工作和真心的建議下，他已先後出了上億鉅款，分別捐給學校、醫院、研究所等，並建立起龐大的慈善機構。這也給小洛克斐勒提供了一個機會，他同時又牢牢地把握住了這一種機會。

小洛克斐勒曾回憶說：

「蓋茲是位傑出的理想家和創造家，我是個業務員 —— 不失時機地向我父親推銷的中間人。」

在老洛克斐勒「心情愉快」的時刻，譬如飯後或坐汽車出去散心時，小洛克斐勒往往就抓住這些有利時機進言，果然有效，他的一些慈善計畫常常會徵得父親同意。

在 12 年的時間裡，老洛克斐勒投資了 446,719,371 元給他的 4 個大慈善機構：醫學研究所、普通教育委員會、洛克斐勒基金會和勞拉‧斯佩爾曼‧洛克斐勒紀念基金會。

在投資過程中，他把這些機構交給了小洛克斐勒。

在這些機構的董事會裡，小洛克斐勒發揮了積極的影

響，遠不只是充當說客而已。

他除了幫助進行摸底工作，還物色了不少傑出人才來對這些機構進行管理指導。

1901 年，他應慈善事業家羅伯特‧奧格登之邀，和 50 名知名人士一起乘火車考察南方黑人學校，作了一次歷史性的旅行。回來後小洛克斐勒寫了幾封信給父親，建議創辦普通教育委員會，老洛克斐勒在接信後兩個星期內，就撥了 1,000 萬美元，一年半以後，繼續捐贈了 3,200 萬美元。在往後的 10 年裡，捐贈額不斷增加，到 1921 年時，總額上升到了 1,299,000 餘元之多。

在洛克斐勒基金會成立後，蓋茲憑他的牧師的神聖靈感和商業的敏銳性，已預見到了洛克斐勒的慈善事業可能產生的國際影響了。

出於商業和殖民統治的考慮，1914 年，蓋茲建議創設中國醫學會，並擬訂計畫在中國北京建立一些現代化的醫學院。

於是，北京協和醫學院和協和醫院誕生了。小洛克斐勒親自到北京參加了落成儀式的典禮，並在講話中稱它是「亞洲第一流的醫學院」。

洛克斐勒基金所捐贈的範圍，及其廣泛和複雜性，足可以寫成好幾部書，它們給人的印象是一個賢明而造福人類的

超級慈善機構在高效率運轉。

事實上，美國政府在 20 世紀後半葉辦理的衛生、教育和福利事業其中許多是洛克斐勒在 20 世紀上半葉就發起的。

除了傾力撲滅世界性疾病外，洛克斐勒基金會還把目光轉向世界各地的饑荒和糧食供應上。

由基金會資助的一些出類拔萃的科學家，發展了玉米、小麥和稻米的新品種，對全球開發中國家提供了廣泛的技術贊助。

某些基金還用於資助科學技術方面的拓荒工作 —— 在加州建造了世界上最大的天體望遠鏡，在加利福尼亞大學裝置了有助於分裂原子的 184 英寸迴旋加速器。

在美國，有 16,000 名科技人員享受了洛克斐勒基金提供的工作費用，他們當中有不少世界一流的科學家。

除經營那些龐大的慈善機構外，小洛克斐勒還獨力去做他畢生愛好的工作之一：保護自然。

早在 1910 年，他就買下了緬因州一個景色優美的島嶼，僅僅是為了保護這裡崎嶇起伏的自然美。他在島上修路鋪橋，即方便了遊人又保護了自然。後來他把它們全部捐給了政府，成為阿卡迪亞國家公園。

1924 年，他在周遊懷俄明州的黃石公園時，看到公園道路兩旁亂石碎礫成堆，樹木東倒西歪，為此大吃一驚。一

問，才知是政府拒絕撥款清理路邊。於是，他立即花了 5 萬美元資助公園的清理和美化工作。5 年之後，清理所有國家公園的路邊就成為美國政府一項永久性的政策。

據統計，小洛克斐勒為保護自然花了幾千萬美元：

建設阿卡迪亞國家公園花去 300 多萬美元；

購買土地，把特賴思堡公園送給紐約市花了 600 多萬美元；

替紐約州搶救哈德遜河的一處懸崖花了 1,000 多萬美元；

捐贈 200 萬美元給加利福尼亞洲的「搶救繁榮杉林同盟」；

160 萬美元給了優勝美地國家公園；

16,4000 美元給仙納度國家公園；

花去 1,740 萬美萬元買下 33,000 多畝私人地產，把大提頓山的著名景觀「傑克遜谷」完整地奉送給民眾；

小洛克斐勒最大的一項義舉是恢復和重建了整整一個殖民時期的城市 —— 維吉尼亞州殖民時期的首府威廉斯堡。

那裡的開拓者們曾經最早喊出「不自由，毋寧死」的口號，這塊地是美國歷史上一塊「無價之寶」。

小洛克斐勒親自參加恢復和重建每一幢建築的工作。他授權無論花多少錢、時間和精力，也要重新創造出 18 世紀時期那樣的威廉斯堡。

　　結果，他總共付出 5,260 萬美元，恢復了 81 所殖民時期原有建築，重建了 413 所殖民時期的建築，遷走或拆毀了 731 所非殖民地時期的建築，重新培植了 83 畝花園和草坪，還興建了 45 所其他建築物。

　　1937 年，美國政府通過一項法律，把資產在 500 萬元以上的遺產稅率增加到 10%，次年又把資產在 1,000 萬及 1,000 萬元以上的遺產稅率增加到 20%。即便這樣，老洛克斐勒在 20 年中陸續轉移，交到小洛克斐勒手裡的資產總值仍有近 5 億美元，差不多和他父親捐掉的數字相等。老人給自己只留下 2,000 萬元左右的股票，以便到股票市場裡去消遣消遣。

　　這筆龐大的家產落到小洛克斐勒一人身上，大得令他或其他任何人都吃喝不完，大得令意志薄弱者足以成為揮霍之徒，但小洛克斐勒從來就把自己看做這份財產的管家，而不是主人，他只對自己和自己的良心負責。

　　走出大學以來的 50 年中，小洛克斐勒是父親的助手，然後全憑自己對慈善事業的熱情胸懷和眼力花去了 82,200 萬美元以上，按照他的看法用以改善人類生活。他說：「給予是健康生活的奧祕……金錢可以用來做壞事，也可以是建設社會生活的一項工具」。

　　他所贊助的事業，無論是慈善性質還是經濟性質，都範圍廣大而影響深遠，而且都經過他從頭至尾的仔細調查。

## 第一章
## 財富的獲取

「我確信，有大量金錢必然帶來幸福這一觀念的改變，但它並未使人們因有錢而得到愉快，愉快來自能做一些使自己以外的某些人滿意的事」。

說這話的人是老洛克斐勒，但徹底使之變為現實的卻是他的兒子小洛克斐勒。

對他來說，贈予似乎就是本職，就是天職，就是專職。

從小洛克斐勒的事業中，我們可以看到，金錢和道德結合之後，給人類帶來的巨大益處和影響。

# 致富之心，人皆有之

　　貧窮是社會的最大公敵，是人生的最大羈絆。追求財富、成功與幸福，不但是人類天生不可剝奪的權利，而且是與生俱來不得放棄的責任和義務。不要窮、要富，這才是人應具備的素養。

　　貧窮，是壓在人們頭上的一座大山。從杜甫筆下悽慘的「路有凍死骨」，到安徒生童話中可憐的「賣火柴的小女孩」，無不令人垂憐、難受，倉廩不實，奔波生命尚且不及，哪有時間談文明禮儀，哪有力量於雄心逐鹿、於社會大舞臺建樹理想的人生大廈呢？

　　為貧窮困擾，就難得成功；為貧窮困擾，就難得幸福。貧窮很可怕，不戰勝它，就沒有出路。

　　不管什麼人，只有在首先解決了衣食住行這些最基本的生活需求之後，才有可能去追求別的東西，否則，便會為貧窮所困，為貧窮所累，為貧窮所苦。在貧困的泥淖之中，只有為生存掙扎的心思，哪裡還會有為理想奮鬥的餘力呢？而事實上，即便是把基本的生活需求解決了，要想去追求事業的成功和獲取人生的幸福，也還是需要擁有除了解決基本生

# 第一章
## 財富的獲取

活溫飽以外的物質基礎 —— 即所謂可以資助人在學習和奮鬥過程中所需要的基本的財富。財富是人奮鬥的推進器，它可以為人朝向某一目標奮進提供外力。它可以成為跳板，成為人騰躍的跳板；可以成為舟楫，成為渡河的舟楫。同樣是奮鬥，在同樣的人生起跑線上，有人乘飛機，有人坐汽車，也有人徒步而行，在有限的生命歷程中，誰能率先達到目標顯然是不言而喻的。那些因貧困而坐不起車的人，在一日千里的現代社會裡，可能永遠也無法到達理想的目的地。

一些外國軍事家在評論第十次中東戰爭時說：「中東戰爭中各個發展階段的過程和結局顯示，在某種意義上說，勝利是物資保障的成功，失敗是物資保障的失利。」這與人在社會生活中的鬥爭和奮鬥何其相似。

過於貧窮的人大多因貧窮而失去了成大器的機會和條件。所謂貧困，即因貧而困者也。而那些不為貧所困者，則更有成功之指望。在西方，能夠參加候選的人大都是富翁，雄厚的資財，使他們很容易走上獲取成功的捷徑，也使他們很容易獲得冠冕堂皇的人生形象。特別是在現代社會，不管在哪個領域裡獲得成功，都需要提早受到良好的教育。而要受到良好教育，就必須解決學費問題、時間問題、精力問題。這是貧困者最容易失去的；而富裕者是不必在這些問題上面操心的，只要一心一意地努力奮鬥就行了。

生而貧困並無過錯，死而貧困才是遺憾。尤其是終其一生，無力消除貧困創造財富，更是無可寬恕的。

貧困是一種疾病，是一種惡習，如果不是由於懶惰，就是由於無知；最壞的莫過於兩者皆具。貧困不單是金錢物質的缺乏，有時也是精神的殘缺，所謂「人窮志短，馬瘦毛長」即在於此。有時一個人因為金錢和物質的缺乏，最終會導致精神 ── 信心、勇氣、熱情、意志和知識的缺失。所以貧困不僅僅是口袋空空。因此，對窮人施以經常的物質救濟，可能會給他造成永久的貧困；只有對窮人給以不斷的財富意念及精神激勵，才能帶來長期的富裕。

財富是我們經過心智和勞力的工作、服務他人貢獻社會的結果。真正的財富是內在的財富，也就是精神的財富。財富的增加不僅可以用作改善生活的資材，尤其應作為貢獻社會的工具。

一個人價值的高低，視其對財富創造的程度，也就是對社會貢獻的程度決定的。

人生的幸福，唯有經創造財富竅門才能達成。一個貧困的人絕對無幸福可言。消滅貧困和創造財富，是我們在現代社會裡的每一個人責無旁貸的要務。

現代香港巨賈李嘉誠的成功就是基於戰勝貧困而取得的。貧窮的壓迫和生存的需求，迫使李嘉誠從小就樹立了戰

勝貧困的決心。

　　1943 年，不滿 15 歲的李嘉誠因父親病逝，家貧如洗，不得不輟學打工。由於抱著「我不要窮，我要賺錢」的積極心態，他在泡茶掃地當學徒、當店員、當跑街業務員的早年生涯中，努力學習和思考，自覺或不自覺地開尋著自己經商賺錢的潛能，最終鑄就大業，成為世界級的富豪。

　　我們有的是勤奮，有的是智慧，將我們自身的這些潛能聚焦裂變，我們一定能取得自己的財富與幸福。

# 貧不足羞，可羞是貧而無志

貧窮本身並不可怕，可怕的是貧窮的思想，是認為自己命中注定貧窮，必須老死於貧窮的這種信念！

假使你覺得自己的前途無望，覺得周遭的一切都很黯然慘淡，則你當立刻轉過身來，朝向另一方面，朝向那希望與期待的陽光，而將黯然的陰影遠遠地遺棄在背後。

克服一切貧窮的思想，從你的心扉中，撕下一切不快的、黑暗的圖畫，掛上光明的、愉快的圖畫。

用堅毅的決心和貧窮奮鬥。因為世間的種種幸福是應該大家有份的，所以你也當在不妨礙、不剝奪別人的份的前提下，去取得你的那一份。你是應該得到「富裕」的，那是你的天賦權利！

世間大部分人的貧窮，都是一種病態，是不良生活、不良環境、不良思想的結果。

我們知道，貧窮是一種反常的狀態，因為它是不適宜於人類的生活的。它與人類的最高幸福和願望相背馳。「富裕」、「充足」，天下眾生都應有份。所以假使人們堅決地要求著，並不斷地奮鬥著去爭取這富裕、充足，那麼總有一天

# 第一章
# 財富的獲取

你會了解這條簡單的道理 ── 人人都能成功！

假使普天下的貧困者，能夠從他們頹喪的思想、不良的環境中轉過身來，而朝著光明愉快的方面；假使他們能立志要脫離貧困與低微的生活。這種決心，一定可以使社會飛速進步。

許多人總以為自己已盡了最大的努力掙脫貧窮，但實際上他們還沒有盡其一半可能的努力呢！

就事實而論，世間許多的貧窮，都是由「懶怠」所造成，都是由奢侈、浪費及不願努力、不肯奮鬥所造成。

除奢侈、浪費以外，「懶怠」之足以敗人事業比任何東西都更甚；而奢侈、浪費與「懶怠」，往往是無獨有偶、攜手同行的。

人類有幾種堅強的品格，是與「貧窮」、「困境」勢不兩立，水火不相容的。

自信與自立，是堅強品格之基石。我們常能發現，在那些雖則貧窮、雖則不幸，而仍然努力奮鬥的人中間，這種品格非常堅強。但是一個因失掉了自信，失去了自立或因懶得去付「富裕」之代價而至於貧窮的人，卻沒有這種堅強的品格。同那些在不斷地去取得富裕的努力中鍛鍊出大量的精神力、道德力的人相比較，這種人是一個弱者。

當你堅定意志，要在世界上顯出你的真面目，要一往無

前地朝「成功」、「富裕」之目標前進，而世界上沒有一件東西可以推翻你的這種決心時，你會發現，這種自尊心理和自信心理，是可以給予你無窮力量的。

最足以損害我們的能力，破壞我們的前途的，無過於與目前的不幸環境相妥協；以不幸環境為固然，而不想去掙脫它。

因為自己不能像富裕的人一樣地生活，不擁有享受富裕的人所有的享受──貧窮的人往往灰心短氣，不想奮鬥。他們不想透過自己的努力，而盡可能地走出困境，擺脫貧窮。

大部分貧窮者的毛病是他們沒有建立可以脫離貧窮的自信。他們已經向貧窮妥協，以貧窮為他們應有的命運。

到了一個人停止戰鬥、放下槍械、豎起白旗的時候，除了恢復他已經失去的自信心和趕走他腦海中的宿命論的觀念以外，實在別無辦法！

「上天」決無意思叫任何人甘於貧窮，滯留於痛苦不幸的環境中。

有一個青年，他是一所著名大學的畢業生，他的體態很魁梧。他說，他甚至連買一個雞蛋的錢都沒有。他說，要不是他的父親每星期供給他二十元，他就會挨餓。

這個青年人就是犯了沒有自信心的毛病。他嘗試過許多事情，但都宣告失敗。他說，他不信任自己的能力，他接受

的教育是一個失敗。他說，他得到一種職業時，從不認為自己可以成功。所以他習此不成去習彼，習彼不成又習此，結果是百無一成。這就因為他懷了錯誤的精神態度，所以無法走上思想的正軌之途。

　　心中不斷地想要得到某一東西，同時孜孜不倦地奮鬥著去求得某一東西，最終我們總能如願以償 —— 世間有千萬個人，就因為明白了這層道理，而掙脫了貧窮的生活！

# 致富需要慾望

　　激發強烈的致富慾望，這是致富的一個重要前提。致富始於慾望。不論你的年齡大小，無論你從事的是什麼工作，也不論你有什麼特長、有什麼本領，在這裡需要提醒你的是，強烈的激發並培養自己致富的慾望，對自己來說是十分重要的。

　　歷史和現實都可以證明，信心與慾望的力量可以將人從卑下的社會底層提升到高貴的社會上層，使窮光蛋變成富翁，使失敗者重整雄風，使身心障礙者享有健康……慾望的力量就在於可以使人在強烈的慾望衝動下，把那些不可能的事變成可能，把「自己不行」的卑微感徹底拋開，昂首闊步地走向成功。尤其是在改變經濟狀況的活動中，慾望越強烈，致富的可能性就越大，離財富的目標也就越近。

　　許多人也想過賺錢，也想過致富，但只是一般地想想，偶爾地想想。這不行，沒有強烈的致富慾望，就沒有巨大的致富動力。

　　約瑟夫‧墨菲（Joseph Murphy）認為：「想得到財富，先必將財富的觀念送入潛意識，不論何時何地，心中先相信你會有很多財富。」

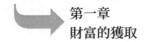

　　他總結自己致富的經驗，其中重要的一點就是當自己身心輕鬆時，每天不斷地吟記憶叨幾遍下面的話：「我非常喜歡錢，我愛錢，我高興地用這些錢。同時，希望能增加幾倍再回到我的包裡，錢實在是好東西，他會向我錢包裡源源不斷地流進，我一定將它用在適當的地方，我為此而感謝你。」他認為，如果你堅信上面這段話，並且不斷地反覆唸誦，同時你要誠實努力地投入工作，那麼潛意識自會為你效勞而累積財富，將來你會驚奇自己怎麼會有這麼多的錢。

　　這並不是要向人們灌輸拜金主義，而是傳達一種致富的理念，那就是要培養強烈的致富慾望。這是致富的基礎，是致富的前提。在新約聖經裡有一句話：「假使你有一顆像芥菜籽那麼小的信仰，你想叫一座山移開，山就會移開。」這是耶穌說的。所謂「一顆像芥菜籽那麼小的信仰」，反映的是完全的相信和不變的信仰。一位西方學者指出：你要用這種信仰、不疑惑的態度來求希望，才能得到潛意識無限力量的幫助，而達到奇蹟般的效果。

　　也許有人會不以為然，想賺錢就能賺錢，想致富就能致富？誠然，兩者沒有等號關係，但時刻想著賺錢，你就會發現許多賺錢的門路；時刻想著致富，你就會找到許多致富的途徑。在競爭性極強的現代社會裡，許多致富機會的把握，往往取決於自己的感覺。時刻想著賺錢的人，便能捕捉到稍

縱即逝的致富靈感，從而比別人捷足先登。一般來說，時刻想著賺錢、想著致富的人，他們的眼光更為敏銳，他們的決策更為果斷，他們的行動更為迅速。這不僅是被反覆證明了的事實，而且也是有科學根據的。

20 世紀的一項重大發現，就是思想能夠控制行動。你怎樣思考，你就會怎樣去行動。你要是時刻思考和強烈渴望致富，你就會調動自己的一切能量去追求致富，使自己的一切行動、情感、個性、才能與致富的慾望相吻合；對於一些與致富的慾望相衝突、矛盾的東西，你會竭盡全力去克服、消除；對於有助於致富的東西，你會竭盡全力地去扶植、擴大。這樣，經過長期的努力和調節，你便會成為一個你所渴望的致富者，使致富的慾望變成現實。相反，你要是致富的慾望不強烈，一遇到少許挫折，便會偃旗息鼓，將致富的慾望淡化或壓抑下去，最後心無大志，一事無成。

卡內基沒有受過什麼教育，年輕時只能做一些鍋爐工、記帳員、電報業務辦事員等最低層的工作。除了機敏和勤奮，卡內基一無所有。但卡內基具有強烈的致富慾望。他在少年時代就立下誓言：賺錢成為大富豪。在當時美國動盪及戰亂年代，他的夢想被人恥笑，說他是可笑的野心家。但他就是在這種強烈的致富慾望的激勵下，最終登上了美國「鋼鐵大王」的寶座。

# 第一章
## 財富的獲取

　　尤利安・裡德爾鮑爾的發跡可以說是從少年階段開始的。他小時候是個電腦迷，不斷需要新的配件，可是他的零花錢遠不夠他買這些配件的。他的父母不是太喜歡電腦，不怎麼願意總花那麼多錢去滿足兒子的業餘愛好，所以尤利安必須想辦法賺錢。就因為他有這種強烈的賺錢慾望，因此他小小年紀便開始了賺錢生涯。

　　他先是為一些小企業設計印刷品和信封，然後自己推銷。嘗到甜頭後，1989 年，他經監護法院特許獲得了營業執照，15 歲就建立了自己的第一家公司。他專門搞數據和電信產品，如數據機、文傳數據機或整合服務數位網路產品。他自己介紹說，他從大企業進貨，透過做廣告賣給私人使用者，放學後他打郵包寄走。父母閒置不用的游泳池變成了他的倉庫，住宅裡的附加小住宅成了他的辦公室。他的營業額不斷增長，不久就達到每月 1 萬到 2 萬馬克。

# 自信創造財富

　　如果我們展示給人的是一種自信、勇毅和無所畏懼的印象，如果我們具有那種威懾人心的自信，那麼，我們的財富和事業就可能獲得巨大的成功。

　　我們無時無刻不在展現我們的心態，無時無刻不在表現希望或擔憂。我們的聲望以及他人對我們的評價，與我們自己的自信有很大的關聯。如果我們自己都缺乏自信，那麼別人不可能相信我們，如果別人因為我們的思想經常表現出消極軟弱而認為我們無能和膽小，那麼，我們將不可能被提升到一些責任重大的高級職位上去。

　　如果我們養成了一種必勝信心的習慣，那人們就會認為，我們比那些喪失信心或那些給予人軟弱無能、自卑膽怯印象的人更有可能贏得未來，更有可能成為一代富有者。

　　換句話說，自信和他信幾乎同等重要，而要使他人相信我們，我們自身首先必須展現自信和必勝的精神。

　　以勝利者心態生活的人，以征服者心態生活在世界上的人，與那種以卑躬屈膝、唯命是從的被征服者心態生活的人

相比，與那種彷彿在人類生存競賽中遭到慘敗的人相比，是有很大區別的。

將比爾蓋茲這樣每個毛孔都熱力四射的人，這樣總給予人朝氣蓬勃、能力超凡印象的人，與那種膽小怕事、自卑怯懦的人，與那種總是表現得軟弱無能、缺乏勇氣與活力的人比較一下吧！他們的影響有多麼大的不同啊！世人都珍愛那種具有勝利者氣度的人，那種給予人必勝信心的人和那種總是在期待成功的人。

曾有一家媒體以「孩子們眼中的錢」為題做了一項調查，孩子們的金錢夢令人震驚。在「你這輩子想賺多少錢」的問題上，14.58％的人想賺億元以上，16.67％的人想賺1,000萬以上，27.08％的人在100萬以上。

該調查結果公布後，有人認為這是世風日下的表現：連小小的孩子也鑽到錢眼裡去了；有人認為現在的小孩過於狂妄，說話做事不切實際。

誰能說孩子的夢想不能實現呢？隨著社會的發展，致富的機會更多，財富的增長速度更快。一個大學都沒有讀完的比爾蓋茲，身價卻可以上千億美元，一個公司的價值就超過其他國家所有的上市公司的總和！從全球範圍內財富擁有者最多的美國來看，過去20年來美國造就的億萬富翁比有史以來的總和還要多。

面對滾雪球一樣滾大的富豪群體，我們不能只是羨慕，只是眼紅，只是嫉妒，而應該深思：為什麼他們能夠致富，而我們卻還在貧困線上掙扎呢？像當年陳勝、吳廣所說的：「王侯將相寧有種乎？」今天我們也不禁要提出類似的疑問：「發財致富寧有種乎？」

大家都生活在同一時代，看見的、聽到的都是一樣的事物，機會也一樣地擺在人們面前，為什麼我們在財富上卻截然不同呢？不是他們有特殊的本領，也不是他們有特殊的家庭背景；相反，他們基本上都是白手起家的。多的靠一兩千元起家，少的只有幾十元。許多人致富之前甚至比我們的條件更差。只不過他們比我們先行了一步。過去有過去賺錢的機會，現在有現在賺錢的途徑。實際上，隨著科技的進步與經濟的發展，我們未來賺錢的機會更多。對此，我們完全應該充滿自信。正如一句話所說：只要有勇氣投入到新的生存方式中，就可以顯著地改善自己的收入狀況。

43 歲的黃培源，是美國加州伯克利大學企業管理博士，擔任過研究所教授、所長，曾經任職於美國與臺灣多家金融機構，做金融、財務顧問十多年，現在是一家上市公司的總經理。由他撰寫的《理財聖經》，銷售量超過 20 萬冊，躍居臺灣 1997 年出版品暢銷排行榜上的冠軍，他也隨之一炮而紅，成為理財諮詢的熱門人物。他認為，只要理財得當，人

人都可成為百萬千萬甚至億萬富翁。

　　這不是畫餅充饑，不是望梅止渴。充分的自信和堅忍不拔的意志，是事業取得成功的一個重要條件。俗話說：「這個世界是由自信心創造出來的。」可見，樹立堅定自信心對一個人成功創富的重要性。

# 創富要讓心先「富」起來

在現實生活中，人們都羨慕已經富裕起來的人，更期望自己也能富起來，但是自己卻往往認為自己沒有富起來的可能。其實，每個人都有致富的可能，只是有的人心志消極，失去了致富的創造力，也就不能創造財富，因而陷在貧困的生活中不能自拔。

積極求富的心態是創富的基礎。

對於人和動物來講，他們都有一種成功的「本能」。例如，松鼠不用教就能採集果實，就能把果實囤積起來過冬。因此，松鼠雖然從小生出來就沒有領略過冬天的寒冷，但是秋天一到，我們就可以看到它們忙於採集果實，以備冬季享用。小鳥不用教就能築巢，就能飛行，甚至能飛行數千里，飛越茫茫大海。

為了解釋這些現象，我們通常說動物具有某種引導它生存的「本能」，分析這些本能就可以發現，它們幫助動物成功地適應生存的環境，簡言之，動物有一種「成功本能」。但是，我們似乎忽略了這樣一個事實：人也有一種成功的本能，而且比其他任何動物的本能更為奇特，更為複雜。

## 第一章
## 財富的獲取

人作為萬物之靈不僅僅是一個被創造者，而且是一個創造者。人利用想像可以為自己設計不同的目標，並努力去實現這些目標。只有人，才能利用想像力去引導自己的成功機制。

拿破崙曾經說過：「想像力統治著世界。」

格林·克拉克認為：「人類所有的才能之中，最傑出的就是想像力。」

蘇格蘭哲學家杜格爾德·斯圖爾特（Dugald Stewart）說：「想像才能是人類活動最偉大的泉源，也是人類進步的主要動力……毀壞了這種才能，人類將停滯在野蠻的狀態之中。」

亨利·凱瑟爾把他在事業上的成就歸功於建設性、積極地利用了創造性想像，他宣稱：「你可以透過想像建成自己的未來。」

當然，「你」不是一部機器。但是，控制論科學領域的新發現得出了一個結論：你的大腦與神經系統構成一套供你使用的制導機制，它的操作過程很像一部電腦和一種機械的目標追尋裝備。你的大腦與神經系統構成一套目標追求機制，它自動地開啟，達到一個特定的目標，就像一個自動瞄準的魚雷式導彈，尋找出它的目標並引導達到目標的途徑。你的內在制導機制既可以作為一種「導向系統」，自動引導

你沿著正確方向達到既定目標，或者對環境做出正確反應，又可以作為一種「電腦」，自動地解決問題，給出必要的答案，提供新的想法或者「靈感」。

當你尋求一個新的觀念或回答一個問題，這實際上與你追憶一個你所忘卻的名字非常相似。你知道有那麼一個名字，只是現在一時想不起來，否則你就不會搜腸刮肚了。大腦中的掃描器就在儲存的記憶中掃描，直到「認出」或「發現」所需要的名字為止。

當你尋求創富成功的目標時，也要運用同樣的方式。你必須假定答案已經存在，然後努力去發現它。

如果心裡有一個目的、一個要實現的結局和一個「目標」答案的話，它開始可能模糊不清，但最終必定能夠辨認出來。如果你有強烈的慾望，從各個角度周密地考慮問題──你的創造開關就會啟動──我們前面說到的「掃描器」就會在儲存的資料庫中掃描，或者說「摸索」著尋找答案。它在這裡選擇一個意念，在那裡找出一個事實，把一系列經驗加以整合──或者說，把它們結合為一個有意義的整體，使你欠缺的地方得以彌補，完成你所需要的方程式，或者「解決」你的問題。在某些時刻，你會靈機一動，可能就找到了創富的方案、點子或辦法。

當你決定要改變自我意象時，你一定覺得由於某種原因

「看到」或者認識到了自己的本來面貌。你必須要有充分的
理由和有力的證據確認自己舊的自我意像是錯誤的，因而要
重新塑造相應的新的自我意象。你不能僅僅靠自己的想像去
尋找自己的意象，除非你覺得它有事實為依據。你應該可以
消除自己原先不適當的自我意象，仔細思考其意，並將其中
的道理「灌輸」到你的頭腦之中。

　　如果你被指引著走向財富和幸福，那麼，你往日那幅不
敢奢望財富和幸福，注定要失敗的自我意象必然是錯誤的。

# 明確致富目標，然後實現它

對於追求財富，如果有強烈慾望的驅使，便不會害怕困難和挫折；如果有明確的致富目標，便會引導你堅定地朝著目標邁進。

成功學大師拿破崙‧希爾（Napoleon Hill）告訴我們，有了目標才會成功。目標是對於所期望成就的真正決心。目標比幻想好得多，因為它可以實現。

沒有目標，不可能發生任何事情，也不可能採取任何步驟。如果個人沒有目標，就只能在人生的旅途上徘徊，永遠到不了任何地方。

正如空氣對於生命一樣，目標對於致富也有絕對的必要。如果沒有空氣，沒有人能夠生存；如果沒有目標，沒有任何人能夠致富。所以對你致富的想法要有個明確的目標才好。

每個人知道金錢的用處後，都想發財。但由於沒有確定恰當的致富目標，以致使許多渴望致富的人似無頭蒼蠅撞來撞去，這是造成大多數人不能致富的主要原因。正像西方有一句諺語所說的，「如果你不知道你要到哪兒去，那通常你哪兒也去不了。」

# 第一章
## 財富的獲取

　　有人歸納出將慾望變為財富的模式 —— 首先，在腦海中孕育著致富的慾望，慾望愈來愈強烈後，逐漸昇華成為奮鬥的目標；透過冷靜地思考，確定實現目標的規劃；目標確定了，規劃制定了，然後以破釜沉舟的勇氣，持之以恆，堅定不移地向目標邁進。將腦海中孕育的致富慾望，轉化成一個明確的目標，然後集中精力為可以達到的目標而奮鬥，這是絕大多數人致富的第一祕訣。

　　幾年前，美國作家蓋爾・希伊出版了一部暢銷書，書名叫《開拓者們》。她在撰寫這部書的時候，透過一份內容十分廣泛的「人生歷程調查問卷」，間接地訪問了 6 萬多個各行各業的人士，她發現那些最成功緻富和對自己生活最滿意的人至少有兩個共同的特點：第一，他們喜歡有更多的親密朋友；第二，他們都致力於實現一個略高於其實際能力的明確目標。根據希伊的研究，這些開拓者們覺得他們的生活很有意義，而且比那些沒有長遠目標驅使其向前的人更會享受生活。

　　我們需要根據自身的基本條件與潛力，制定一個有一定難度但經過努力又能夠完成的目標。目標定得太低，就無法充分發揮個人的潛力；目標定得太高，就無法實現。用專家的話說，就是「跳起來摘蘋果」。伸手可摘太容易了，遙不可及也讓人失去希望，唯有跳起來能摘到蘋果，則既能激發

個人的能動性，又能達到目的。因此，我們在制定目標時，必須衡量自己的能力，稍微高於自己能力可做的程度，那才是恰當的目標。

有位華僑，他在日本、東南亞以至美國都有自己的大樓，作為貿易商在華僑當中是屈指可數的成功者。有人向那位華僑請教如何成為富豪的祕訣。那個華僑的回答是：「制定目標，然後實現它。」除此以外，沒有其他捷徑和妙方。這位富豪確定 10 倍、100 倍的財富增長目標，然後不惜用比別人大 3 倍到 4 倍的努力工作去實現它。

確立任何目標要考慮三點：目標要有可量度性、可調節；二是目標要有時間性，要在定下的期限內完成；三是目標要有方向性，有方向才能去努力從而達成成功。

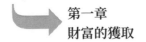

第一章
財富的獲取

# 消費要有計畫

在生活中用「必須」來做出計劃和安排，並把那些不應花掉的錢儲存起來，這就是明智的消費藝術。

每個人都應該懂得金錢的價值，學會明智的消費，如果年輕時不學會這一點，在以後的生活中就會遇到難以在社會上生存下去的重大問題。

幾年前，報紙曾報導過這樣一位出手闊綽的富人，他和別人一樣，先是賺了很多錢，但是很快又愚蠢地花掉了。一篇報告登出了如下從印第安納波利斯拍來的電報：

「在英格蘭大酒店裡，匹茲堡的弗蘭克·福克斯先生用一張 50 美元的鈔票擦完臉後，就把鈔票扔到地板上。然後他從兜裡的一摞 5 元和 10 元的鈔票中抽出一疊扔到吧檯上，說道：『夥計，給我一杯酒，快點！要不我就買下整個酒店，然後炒你的魷魚！』」

我們很容易就能猜出這個人最後的命運。除了知道他是靠自己斂聚財富外，我們對他的過去一無所知。他如果要擁有鉅額財富，也必須和別人一樣相當節儉。但是，他從來不知道節儉為何物，而節儉能教會人們如何花錢和儲蓄。有許

多人累積了很多錢，卻不知如何明智地花錢。

有一個年輕人繼承了鉅額財產，他沉醉在自己愚蠢的幻想中，以為自己就要成為一個偉大的金融家了，並試圖投資於各種有價證券。結果，他落入了狡詐的推銷商的圈套，那個推銷商很快就發現他容易輕信別人。最後，等到那個年輕人醒悟過來時，所有的錢都已經消失得無影無蹤了。直到破產以前，他還以為自己在賺錢呢？當他失敗時，才發現他所有的有價證券都不過是廢紙一堆，幾乎沒有一種證券是有頭腦的商人願意投資一分錢的。

多數年輕人都有賺錢的慾望，這其中有個人需要的成分，也與虛榮心有關。很多人認為，那些沒有賺到錢的年輕人總是有些問題。他們賺錢的動機如此強烈，使得他們總想透過拚命工作來賺錢，但是現實生活中的誘惑實在太多了，又往往使他們在消費中出了問題。

一個白手起家的百萬富翁說，在紐約 100 個賺錢的人中，沒有一個能留得住錢。這可能有點誇張，但我們知道，確實很少有人能把賺到的錢存下來，他們很難抵制伴隨著金錢而來的種種誘惑。

在消費過程中，奢侈浪費的典型犧牲品是那些善良、隨和、慷慨的人。他們總是樂於請人吃飯、喝酒。慷慨大方使他們的錢來去匆匆，好像總也留不住。

　　這種人的出發點是好的，但是毀了他自己，也害了他的親人，因為他不能給自己家庭的未來提供保障。他如果有錢，任何人只要開口，就可以借到他的錢。如果碰巧沒有錢，他也會借錢給朋友。結果他的家人都成了他揮霍浪費的犧牲品。

　　這種人可以從英國小說家哥爾德史密斯的話中得到很好的教訓。他曾經說過：「在生活的經驗教會我必須做到謹慎、節儉以前，書本總告訴我應當無私、慷慨……我經常用我微薄的收入大發慈悲，甚至忘掉了公正的原則。總是有不幸的人感謝我的施捨。」哥爾德史密斯嚴格要求自己，也不放任他人，他還以兄弟的教訓教兒子學習節儉之道。他對自己的兒子說：「讓叔叔的貧窮作為你的前車之鑑吧！」

　　在消費過程中，最容易被普通人忽視的一點就是簡樸。人們往往賺錢在先，但是賺到錢以後，大多數人似乎沒有辦法學會儲蓄。人們總是以各種愚蠢的方式，令人難以置信地花光了所有的錢。

　　儲蓄的藝術本質上就是明智消費的藝術。有些行為看起來似乎是浪費，但其實往往是最節約的。在美國有許多家庭，特別是小城鎮和農村的家庭擁有私人汽車，但是家裡卻沒有浴缸，而他們又在考慮支付其他的昂貴開支。

　　我們無意反對人們買汽車，因為汽車對美國人的家庭來

說是很實惠的，它可以給婦女和孩子單調乏味的生活帶來健康和豐富多彩的變化，給許許多多的人帶來那些沒車的人不曾有過的快樂和愉悅。但是，清潔也是必須的，大多數人都會認同浴缸是一種重要的清潔用品。文明社會演變了幾千年，浴缸才成為一種生活必需品，人們都認為每天洗澡可以增進健康、緩解疲勞和延長壽命。

消費最重要的就是做到物有所值。有些人表面上穿的是綾羅綢緞，戴的是金銀珠寶，坐的是豪華轎車，肚子裡卻是一包稻草，骨子裡更是齷齪不堪。一個人要穿舒適的衣服，但同時也要給自己以自尊的品格、好學而健康的頭腦和美好的性情。把金錢和時間花在更具有持久影響力的事情上，將會使你變得更大氣、更莊重、更純真。進行自我投資來提升自己，把錢花在追求更高的目標方面，你一定會獲得極大的滿足。

選擇在最有價值的事情上進行投資，這是一種有益的消費和積極的生活方式，將會使你活得誠實、簡樸而有價值，最終得到幸福和滿足。

有些人收入不高，但花起錢來可真是愚蠢之極。他們會為了買只有富人才買得起的小古玩和衣服，把所有的錢都花光，但等到買真正的生活必需品時卻身無分文。

有一個原本相當出色但如今卻窮困潦倒的女人，她從小

到大就不知道怎樣衡量物品的價值。最近，她要去市場上買許多食物，但她心裡很清楚，自己沒有可以穿得出去的衣服來遮蔽難堪。但她只知道哀嘆餐桌上沒有豐富多樣、美味可口的食物。

很多人沒有考慮過這個問題：我們工作過程中無時無刻不在花錢。許多不切實際的欲望都讓我們把錢往外掏，如果我們沒有堅定的自制力，粗心大意，沒有良好的判斷能力，那麼我們就會經常花錢如流水。

今天，在原本事業受挫的人中，在貧窮的家庭中，在接受慈善組織救濟的群體中，有許多人已經相當獨立了，他們懂得了明智消費的藝術。我們說「不恰當地花一分錢，就是浪費了一分錢」，那麼，為什麼不記住這句勸世的格言，從中學到聰明和智慧呢？

# 如何節儉過好日子

奢侈和節儉的區別何在？「奢侈」是將沒必要花的錢花了，而「節儉」則是將它存起來。

通常，人們習慣把吝嗇看成節儉的孿生兄弟，這其實是一個很大的錯誤。實際上，節儉的真正含義是：當用則用，當省則省；也就是說，花費要恰到好處，但吝嗇的含義卻不同，它是指當用的不用，不當省的也要省。

有些喜歡出風頭、講排場的「紈褲子弟」，平時不僅要把自己的收入吃光用盡，而且往往還要借錢來撐場面。這種人一旦發生變故，比如生了病，或者失了業，不但自己站不起來，往往還會連累別人，把人家的錢都糟蹋掉。到了那時，他的真相就會被完全揭穿。如果他以前能夠節儉一點，少花費一些，怎會落到無顏見人的地步呢？

英國著名文學家羅斯金說：「通常人們認為，節儉這兩個字的含義應該是『省錢的方法』；其實不對，節儉應該解釋為『用錢的方法』。也就是說，我們應該怎樣去購置必要的家具；怎樣把錢花在最恰當的用途上；怎樣安排在衣、食、住、行，以及生育和娛樂等等方面的花費。總而言之，

## 第一章
## 財富的獲取

我們應該把錢用得最為恰當、最為有效，這就是我們這裡所說的「精打細算」的節儉。

托馬斯‧利普頓（Thomas Lipton）爵士說：「有許多人來向我請教成功的訣竅，我告訴他們，最重要的就是節儉。成功者大都有儲蓄的好習慣。任何好朋友對他的援助、鼓勵，都比不上一個薄薄的小存摺。唯有儲蓄，才是一個人成功的基礎，才具有使人自立的力量。儲蓄能夠使一個青年人站穩腳跟，能使他鼓起巨大的勇氣，振作全副的精神，拿出完全的力量，來達到成功的目標。如果每個年輕人都有儲蓄的習慣，世界上真不知要少多少個傷天害理的人！」

很多發了跡的人常常在晚年說著一樣的話，如今賺十萬元比以前賺一千元還容易。但是，如果沒有當初的一千元，也許他們早已餓死在貧民窟裡了。

許多人只因為用錢沒有計畫性，一點也不算計一下，所以，就在不知不覺中使大量的錢財無謂地從指縫裡流走了。如果一個青年能養成記帳的良好習慣，能把每次花費都記入帳簿，能夠仔細核算、好好籌劃，這樣，對於他未來的事業發展，一定有巨大的幫助。這樣不但能使他學會了記帳的方法，還可以使他熟悉金錢往來的各種手續，從而獲得寶貴的經驗。

這種帳簿最好能隨身攜帶，以便隨時隨地把自己的花費記入本中。這樣持之以恆去做，對改正揮霍無度的惡習一定

有很大的幫助。帳本能清清楚楚地告訴你，過去的錢都用到哪裡去了，什麼地方是完全可以節省的，什麼地方是一定要用的。

通常來說，鄉下孩子要比城裡的孩子節儉得多。最重要的原因是城裡充斥著各式各樣專騙孩子的東西，不結實的玩具和不衛生的糖果都在引誘他們去購買。但鄉下的孩子就不同了，他們既沒有受到這麼多東西的誘惑，又更看重金錢，他們往往捨不得像城裡的孩子那樣去亂花。他們往往非常珍惜自己有的幾個錢，不時地從口袋裡數進數出玩弄著，絕不捨得用幾個錢去買一些專哄人的東西，以博得一時的高興。等到他們積蓄到一定數目時，就非常高興，有時竟歡呼雀躍。這些鄉下孩子的父母們時常地諄諄教導，使他們明白儲蓄的好處，還鼓勵他們把錢存到銀行裡去。而城裡的那些孩子們往往不大把錢放在眼裡，他們一有了錢就要把它們立刻花掉。

就像很多城裡的孩子寧願把錢放在口袋裡，不願存到銀行一樣，有許多青年人也習慣把所有的錢都帶在身邊，這樣往往就造成了他們隨時隨地地胡亂揮霍的習慣。固然，錢存到銀行裡以後，要用起來就沒有帶在身邊那樣方便，但後一種做法太不明智了，因為習慣把錢放在身邊的人往往在用錢方面會失去控制。

# 第一章
## 財富的獲取

　　所以，節儉的唯一有效方法就是把所有的錢全部存入銀行，而且最好存到一家離你的住處遠一點的銀行。這樣一來，等你要用錢了就必須到那家很遠的銀行去取，這時你就會考慮這筆花銷是否值得？能否節省？

　　富蘭克林這樣說：「致富的唯一方法就是賺得多花得少。」他還說：「如果你不想因有人討債而氣惱，想不受飢餓和寒冷的痛苦，那麼你最好與忠、信、勤、苦四個字交朋友。同時，不要讓你賺得的任何一分錢從你的手中輕易地流走。」

　　以前有一個年輕人到印刷廠裡去學技術。其實，他的家庭經濟狀況很好，他父親要求他每晚住在自己家裡，但要他每月付給家裡一筆住宿費。一開始，那個年輕人覺得這樣太苛刻了，因為他當時每月的收入，就剛夠支付這筆住宿費的。但是，幾年之後當這個年輕人自己準備開設印刷廠時，他的父親把那年輕人叫到跟前，對他說：「好孩子，現在你可以把每年陸續付給家裡的住宿費拿去了。我這樣做的目的，是為了能夠讓你積蓄這筆錢，並非真的向你要住宿費。好啊，現在你可以拿這筆錢去發展你的事業了。」那年輕人到此才明白父親的一番苦心，對父親的賢明感謝不盡。如今，那青年人已經成了美國一家著名印刷廠的老闆，而他當年的同伴們卻因自小養成了揮霍無度的惡習，如今仍然窮苦不堪。

以上所述是一個富有教育意義的真實故事。它給你的啟示是：唯有養成儲蓄的習慣，將來才有希望享受到成功與財富。

如今，仍然有很多青年人認為節儉是一種很不體面的行為，這真是一種荒唐不堪的觀念。為什麼一定要把金錢胡亂揮霍掉呢？這難道算體面嗎？如果我們能把每一塊錢都用在最恰當的地方，不是更「體面」嗎？茫茫宇宙中沒有一樣東西是無用的，是可以隨便糟蹋的，那麼對於寶貴的金錢，我們難道可以這樣隨隨便便胡亂地糟蹋嗎？

你必須明白一個道理：節儉其實是一件很簡單、極易實行的事情，誰都可以立即去實行。你願意處在窮困的境地嗎？你願意讓債主時時來逼你還錢嗎？你願意因為負債而坐牢吃苦嗎？你願意一生屈居人下、不得翻身嗎？你當然不願意，那麼你就一定要養成這個簡單易行的節儉習慣。

一部著名小說裡有一段話說得很有意思：「寧願因飢餓而倒地，也不要去借錢！」是啊，暫時忍受一下飢餓、寒冷和貧困，犧牲暫時的一些快樂與幸福，又有什麼要緊！千萬不能為了圖一時的享受，便拋棄了光明的前途，把廉恥踩在腳下，使信用喪失殆盡，使志氣消磨，使名譽敗壞，使人格斷送，這會使你的生命像駛入漫無邊際的海洋的一葉孤舟，失去方向。

 第一章
財富的獲取

俗話說得好：「節儉是你一世受用不盡的財富。」一個
揮霍過度負債累累的人，是無權享受這一鉅額財富的。不管
怎樣，浪費仍是我們的大敵，對於揮霍浪費，大家也都得小
心迴避才好。因為它可能會跑來侵蝕你的精力，消磨你的志
氣，會損害你的意志、你的事業、你的職位以及使你成功的
一切因素，所有這些有利的東西都可能被它破壞殆盡。

# 第二章

## 財富的追求

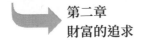
## 智慧在手，財富無憂

有一個富翁曾對一個強盜說過這麼一段發人深省的話：「你可以拿走我的汽車、搶走我所有的錢財，但是，只要不殺死我，留下我的大腦，過不了多久，我就又會擁有這些東西了！而你呢？你在把從我這裡搶去的錢物揮霍掉之後，你就又一貧如洗了……」那個強盜聽了這一段話之後，似有所悟，便問富翁：「那是為什麼呢？」富翁說：「因為我擁有智慧，智慧可以變成黃金，可以使我擁有一切！」

李嘉誠是香港著名的大商人，不但事業有成，而且他本人的人品和商業道德亦為人們廣為傳頌。

1966 年底，低迷了近兩年的香港房地產業開始復甦。

但就在此時，文化大革命開始波及香港。1967 年，北京發生火燒英國代辦處事件，香港掀起五月風暴。

「中共即將武力收復香港」的謠言四起，香港人心惶惶，觸發了自第二次世界大戰後第一次大移民潮。

移民者自然以有錢人居多，他們紛紛賤價拋售房地產。自然，新落成的樓宇無人問津，整個房地產市場賣多買少，有價無市。地產商、建築商焦頭爛額，一籌莫展。

此刻的李嘉誠一直在關注、觀察時勢，經過深思熟慮，他毅然採取驚人之舉：人棄我取，趁低吸納。李嘉誠在整個大勢中逆流而行。從宏觀上看，他堅信世間事亂極則治、否極泰來。就具體狀況而言，他相信中國政府不會以武力收復香港。實際上道理很簡單，若要收復，1949 年就可以收復，何必等到現在：當年保留香港，是考慮保留一條對外貿易的通道，這樣對中國政府更有利。現在的國際形勢和香港的特殊地位並沒有改變。因此，中國政府收復香港的可能性不大。

正是基於這樣的分析，李嘉誠做出「人棄我取，趁低吸納」的歷史性策略決策，並且將此看做是千載難逢的拓展良機。於是，在整個市場都在拋售的時候，李嘉誠悄悄地大量收購。李嘉誠將買下的舊房翻新出租；又利用地產低潮建築費低廉的良機，在地皮上興建建物。

李嘉誠的行為需要卓絕的膽識和氣魄，需要超凡的智慧運作。不少朋友，為他的「冒險」捏一把汗；同業的地產商，在等著看他的笑話。

這場戰後最大的地產危機，一直延續到 1969 年。1970 年，香港百業復興，地產市道轉旺。這時，李嘉誠已經聚積了大量的收租建物。從最初的 12 萬平方英呎，發展到 35 萬平方英呎，每年的租金收入達 390 萬港元。

　　李嘉誠成為這場地產大災難的大贏家，併為他日後成為地產大亨奠定了基石。

　　有人說李嘉誠是賭場豪客，孤注一擲，僥倖取勝。其實不然。應該說，在這場夾雜著政治背景和人為因素的房地產大災難中，前景有較大的變數而難以絕對準確地預測。這樣說李嘉誠的決策有十足的勝券在握，是不現實的。李嘉誠的行為是帶著冒險性的，說是賭博也未嘗不可。但是，李嘉誠的冒險是建立在對形勢的密切關注和精確分析之上的，李嘉誠絕非投機家，他是把堅實的政治、經濟等知識轉化為財富的人。

　　人們往往把「點石成金」說成是神、怪的故事或懶人發財的夢囈。其實在現代社會裡智慧的確可以變為金光燦燦的黃金，也就是說智慧是潛在的黃金。

# 以智生財，利潤豐富

「獲取利潤」是辦公司者最主要的目的，那麼，怎樣才能獲得更多的利潤呢？是龐大的資本，還是獨家擁有的專利技術？不是！都不是！你沒見到資本雄厚的霸菱銀行一夜之間便破了產？……那麼，靠什麼才能獲得更多的利潤呢？靠智慧！只有擁有智慧，才能穩妥經營、避免風險，使公司獲得更多的利潤。

1989 年，某地的絲綢廠一度積壓了大量的迎賓緞、錦花綢及其他面料，資金大量被占用，原料進不來，新專案又無法運行，工廠處於半癱瘓狀態。廠長多次派業務員上下打通，八方叫賣，又不惜花重金，連篇累牘地在電視、廣播、報刊上做廣告，稍有收效，但卻收穫不大。

後來，廠長請來了一位舞蹈專家，要對挑選出來的廠裡 30 名男女青年工人進行為期一週的舞蹈培訓，廠裡的人對此迷惑不解，猜測紛紛，怨聲四起。

一週後，舞蹈班終於亮相了。男著筆挺的西裝，女著優美的旗袍，男女服裝色調，相配適宜。尤其是 15 位女士的旗袍，是廠裡請了服裝設計師精心設計製作的，花色款式各不相同，個個楚楚動人。

舞蹈班隨著舞曲跳了起來，美妙的舞姿，使在場的人都看呆了。

原來他們是帶著特殊使命的舞蹈隊，即將帶著全廠的厚望，為提高絲綢廠的知名度和美譽度，奔赴許多舞廳、飯店等地開拓絲綢廠的事業。

兩天後，幾家飯店的舞廳門前，車水馬龍，人們摩肩接踵，排著長隊買票。看來，絲綢廠的舞蹈隊著實吸引了一大批人。

絲綢廠的客車，一邊廣播，一邊免費贈送《新款式旗袍、西裝裁剪法》和《不同膚色、不同體形選用面料的藝術》兩本書。這更增添了舞廳前的熱鬧氣氛。

有些舞廳經理主動上門來邀請絲綢廠舞蹈隊光臨。

消息在街頭巷尾傳遞：新聞記者也來採訪，一時間報刊、廣播、電視螢幕上頻頻出現《絲綢廠的旗袍、西裝，征服了俊俏女郎，風流小夥》、《你想楚楚動人嗎，請到絲綢廠》等新聞報導，颳起了一股絲綢熱風。

在這股風潮的引領下，絲綢廠銷售科、銷售門市都忙起來了，市內各服裝廠、百貨商店、個體商家蜂擁而至。甚至外地商場、服裝廠也紛紛來函、來電、來人洽談訂貨。大宗主顧，廠長親自接待，簽訂了許多長期的合約。工廠還負責送貨上門，絲綢廠的產品一下子成了搶手貨。

從此，這家絲綢廠插上了騰飛的翅膀，飛向了廣闊的各地市場。

# 劍走偏鋒，出奇制勝

　　沒有資金怎樣創辦事業？相信許多夢想致富的人都想過這個問題。然而絕大部分人都只是感到困惑，徒喚奈何，無法實現自己的夢想。

　　日本「綜合經營企業」的總裁中田修先生總結他從「資金零點」發展成功的經驗時說：「這是我有比別人快半拍的獨創性構思，做別人不做的事和人家不能做的事，才發展成功的。」

　　中田修 1931 年生於日本丹波篠山地區，父親是個軍人。曾在中國東北讀小學。因為戰爭，他返回日本進入預備軍校。戰後就讀於大阪師範學校。父親去世後，為了分擔母親養家餬口的壓力，他到美國軍隊當僕役，往後他做過黑市小販、印刷公司職員，走馬燈似的換了十幾次工作。工作不順心，意志消沉，三次流浪在街頭，尋思自殺以求解脫。就在他徘徊在東京街頭，準備了結生命的時候，受到「桑澤設計研究所」招牌的啟示，喚醒了他在當印刷公司職員時的願望，他決心從零開始創立設計學校。

　　中田應徵上印刷公司，在印刷公司工作的時候，設計公

司職員優厚的生活待遇早就迷住了中田修。為了擺脫飢餓，中田修就下了決心要做個設計師，開一家屬於自己的公司，當時並沒有學習設計的學校，中田便利用工作的方便，把設計公司的作品帶回家研究，自學設計方面的書籍，堅持了半年，終於學會了設計技術。

在中田學會設計技術後，他認真地想辦法去完成自己的心願。沒有雄厚的資金，他透過「讀者欄」招收學生，開始只辦「週日教室」。以後又租借公共場所作為教室，以容納更多的學生。為籌措更多的資金，他向別的公司的經營方法學習，把「前金制」引入學校的建設之中。所謂「前金制」就是預收款。慢慢地，一個正式的設計學校就形成了。

到1959年4月，「東京設計所」在大阪成立。起名東京，是為了紀念東京那間挽救了中田性命的設計所。

中田觀察了林林總總的設計所，發現「工業設計」是個沒有人涉足的空白地帶。於是，他把「工業設計」作為設計所的主要特色，廣攬人才。終於，「東京設計所」成為日本一流的設計研究所。

中田他發現人們在上廁所的時候百般無賴，就萌發了在廁紙上印卡通漫畫和印發廣告的奇想；他發現許多在外應酬至深夜的男人，回家時總想帶點安慰家人的東西時，他就想到僱用一些業餘人員在晚上九點至凌晨一點以手推攤車賣禮

品及玩具；他在海濱度假，發現漁夫的魚甕拙樸而有古風，於是投合人們追求返樸歸真的心理，製造一些仿古的陶甕出售；他還利用「子規」與「歸來」諧音的原理，以鋁片做成子規鳥形式，鍍以金色，做成「子規護身符」，出售給顧客。……

這些生意並不是將構想大規模的商業化或企業化，只是將身邊的瑣事加以商業化，就產生出許多本小利厚的生意來。

中田先生從 1959 年創辦「東京設計研究所」始，之後又經營了「設計公司」、會員制的別墅企業──「鑽石俱樂部」及「綜合經營企業」，到 1981 年，公司資產大約有 70 億元。

現在中田所主持的「綜合經營企業」沒有向外貸款，是個單收利息就可以維持人事費用的優良企業。

中田的成功在於他能夠另闢蹊徑，善於將滿足人們的需求與企業的經濟效益結合起來，研究社會結構變化和生活水準變化而帶來的人們物質生活和精神生活的需求之變化，將服務全面化、立體化，勇於做別人不做的事和不能做的事，因而為「綜合經營」廣開了生財之路，財富才滾滾而來。

# 奇招妙法，財源廣進

有成長有發展的企業，一定是由有一個有著多種奇思妙想的經營者在領導，他會巧妙的刺激消費者的心理，並且巧妙地引導消費者的消費行為，從而為自己贏得豐厚的財富。好奇心才是生意成功的泉源，也是原動力。

## （1）普洛奇給自己發電報

美國的億萬富翁魯幾諾・普洛奇在畢業後，到一家雜貨批發公司工作，擔任流動業務員。

很快地，普洛奇一舉成為成交大宗批發的推銷家。他總是以一次成交 10 箱的方式，一家一家地去推銷。他發明了一種推銷方式，並總結成要訣：把各個地方的商人聚集起來，使他們相信如果他們聯合購買的話，會比較便宜。結果，普洛奇把一卡車又一卡車的貨賣給他們。他又使這些商人相信，該是大批買進這樣那樣貨物的時候了，不能等到下個月，因為下個月價格會上漲。這樣，他又多賣出不少貨物。

為了使他的話令人置信，他自己打電報給自己，裝作是老闆打來的。電報的內容大約是這樣的：「警告顧客，豆子

的價格將會上漲。」普洛奇手裡揮動著電報，不愁顧客不向他求購更多的貨物。

普洛奇的成績這麼優異，以至於他的老闆終於給他下了最後通牒：要不純拿薪水，要不另請高就。不怪老闆不仁，因為這 20 多歲的毛小夥子，靠推銷所賺的佣金居然比這個公司的董事長還要多。

## （2）矢田一郎自造輿論

東京荒川區有一位叫矢田一郎的人，他的兒子是一個癱瘓在床的身心障礙兒童，每天都為大小便吃盡苦頭。於是，矢田一郎開始研究疾殘者專用的便器。經過苦心研究，反覆改進，終於發明成功。

矢田一朗認為這種便器非常方便實用，市場銷售是不會有問題的。於是他申請了專利，開始生產，並給他的產品取名叫做「安便器」。當矢田一郎興沖沖地拿著他的產品去各商店和百貨行推銷時，卻沒有一家願意買他的商品，或者代他銷售。原因是他們都不喜歡把這些不雅觀的東西擺在店面上。

矢田一郎耐心地向各商店解釋說，這種安便器不僅適用於身心障礙者，對於患痔疾的也非常適合，而且體積小，又很輕便，需要它的人一定不少。可是，無論怎樣解釋，仍沒有一家商店願意銷售。

矢田一郎是傾其所有投資製造此產品的，眼看自己的投資像潑出去的水無法收回，他急得不知如何是好。最後，矢田一郎經過一段時間的冥思苦想，終於想出了一條妙計，他拜託很多親友，每天打電話給百貨店，問有沒有用於身心障礙者用的叫做「安便器」的便器賣呢？這樣過了不久，東京各百貨店不能忽視這項新產品了，安便器也就在各百貨店的櫃檯出現。

由於安便器對身心障礙者非常適用，不久就暢銷起來，終於成為全國性的商品。矢田一朗自然也因此大賺了一筆。

（3）日本名古屋中華麵館價格變戲法

日本名古屋有一家中華麵館，他們為一般消費者著想，在一碗價值 300 日元的湯麵的行情上大做文章。麵館定價：星期一，一碗「中華麵」特價 185 日元；星期二，全部麵點多加分量，售價 200 日元；星期三，各種飯類用大碗裝；星期四，買一份菜，白飯管飽；星期五，麵條大碗裝；星期六，酒、啤酒大減價。此外，每月 14、15、16 日三天的麵條一律特價 250 日元（日本企業發薪水多在每月的 20 日），以照顧靠領薪水過日子的職員。這些做法大獲受薪階級的好評，生意也自然越做越興旺。

訣竅應用提示

1 出奇制勝，要從「奇」字入手，要見人所未見，想人所未想，才能達到理想效果。

2 奇思妙想不是天生的，產生奇思妙想的基礎是要多觀察，多動腦多留心市場的各種動向和變化。

四、逆向思維，逆行致富。

逆向思維是一種創新的思維方法，這種思維方法往往成為我們創新致富的火把。很多人用頭腦賺錢取得了成功，那是因為他們對什麼問題都喜歡倒過來思考。從中可見逆向思維是多麼重要。

# 以退為進，「錢」途無限

「商場如戰場」。在戰場上有必要的撤退，在商場上也有必要的撤退。作為廠商，尤其是現代廠商，在自己的「謀略庫」裡千萬別忘了「撤退」這一招。專攻市場行銷的專家們把撤退稱之為順應客觀形勢的應變性策略。在以下諸種情況中的一種出現時，企業就應以這一應變性策略來對待之。

1. 因為偶然因素的作用，使原定策略目標失去了意義。
2. 因為市場上出現了更好的機會，根據獲取最佳效率原則，捨此而就彼。這是一種策略重心的轉移。
3. 區域性的撤退，以保證策略重點的如期實現。
4. 產品已進入衰退期，無甚利潤且前景黯淡。
5. 對手的勢力過於強大，不足以與之爭風。
6. 要想保持現有市場占有率，投入將不堪重負。

在上述情況出現時，與其在萬般無奈的情況下撤退，或在被對手強行退場的情況下撤退，倒不如主動地進行策略轉移，以把損失下降到最低限度，以保持本企業的形象與聲譽，以圖在其他方面另謀發展。

人們經常說「商場如戰場」，並不意味著商場就是戰

場。但它們在規律上、在行動法則上恰有許多驚人的相似之處。但它們畢竟是不同的行業，因此也就有許多不同的特點。譬如，軍事行動的方式儘管千變萬化，但最終目的則一定是消滅特定的對手，贏得特定的空間，即地盤。如前所述，我們把企業的最高境界定為維持與擴大市場占有率，這裡要對市場占有率有一個廣義的、全方位的理解。維持與擴大市場占有率，並不是指一定要死守並竭力擴大所生產的某種產品、所經銷的某種商品、所做的某項服務的占有率（儘管在許多情況下是如此），而是指企業的全部行銷狀態。所以，我們的整個市場攻防並不一定要針對具體對手而獲得具體地盤。在撤退後，我們可以捲土重來，將原先的冤家打翻在地，也可以不捲土重來，而在另一領域內另謀發展。換言之，並不一定要與原先的對手爭個高低，讓他在這一領域內出盡風頭，獨領風騷吧！我將在另一領域內去顯示自身的價值，去謀取較高的市場占有率。這同樣也是維持和擴大市場占有率的舉措。

總之，與軍事征戰相同之處是，在市場攻防中，大踏步地撤退是為了大踏步地前進，不甘撤退、不會撤退的廠商必不會成為商戰中的贏家。與軍事征戰不同之處是，在市場攻防中，主動撤退後的策略進攻可能是去恢復失地，可能是去拓展更為廣闊的、全新的行銷空間。

1970 年代，李嘉誠已是香港大名鼎鼎的地產商了。有一天，他掌握到一項重要絕密情報，英國在香港最大的英資怡和洋行，雖然是某家股份有限公司的大東家，但實際它在該公司占有的股份還不到 20%，簡直少得不成比例。這一情報透露出一條重要資訊，即是怡和洋行在該家公司內部的基礎薄弱。當時，香港的尖沙咀早已成為繁華商業區，其旁邊的大量名貴地實際地價已寸土寸金；而股票價格卻多年未動，股票面值低得不成樣子。所有因素都是爭奪這些名貴地的有利條件。此時，如果大量購入股票，即使股票價上漲五倍，也不會超過每股所代表的地價，只要偷買 20% 股票即可與怡和洋行公開競購。而持股的老百姓，在相同的出價下，當然更願意賣給當地資本家。因此，李嘉誠有把握早日購足 50% 的股票，將怡和洋行大東家的地位取而代之，這樣就有權運用這些名貴土地發展房地產，堪稱一本萬利。

於是，李嘉誠當即決定，分散吸進股票。從 1978 年起，他不動聲色地悄悄分散戶名，吸進 18% 的股份。

由於李嘉誠大量吸進股票，使每股 10 港元的股票迅速上漲到 30 多元，引起了怡和洋行的警覺。此時，李嘉誠的偷襲戰已不再有效了，要做下去，就要轉為攻防戰。但兩軍對壘比實力，李嘉誠一時還不是怡和洋行的對手。如果李繼續入股，怡和洋行必會以高價回收股票，它財大氣粗，李嘉誠必

將慘敗無疑。這真是「行一百半九十」，李嘉誠處於進退維谷之地。

李嘉誠不愧為一流商賈，他決定主動撤退，以退為進，從而化險為夷。他的金蟬脫殼之計是尋找一個代替自己與怡和洋行作戰的人，將全部股票賣給他。

1978 年的一天，在某餐廳的高級隔間裡有兩位身穿中式服裝的本地客人，進行了一次短暫而神祕的會晤。時間雖然只有 20 分鐘，卻決定了一筆價值 20 億美元的關鍵性交易。

這兩個人，一個是地產商李嘉誠，另一個就是船王包玉剛。

這究竟是怎樣一筆生意呢？簡單地說，就是李嘉誠將手中的股票 2,000 萬股全部賣給包玉剛，包玉剛將幫李嘉誠從滙豐銀行承購英資和記黃浦股票 9,000 萬股。

包玉剛因自身實力雄厚，堪與怡和洋行爭雄，最後獲利甚豐。這且按下不表，這裡我們重點分析李嘉誠這一招的意義所在。

面對當時的局勢，李嘉誠的選擇似乎只有兩種惡劣的「殘途」，一是與怡和洋行硬拚，見個高低。若拚得過怡和洋行，吞下這塊「大肥肉」自然最好。但根據對雙方財力的分析，出現這一局面的可能性不大。另一種選擇就是放棄，但全盤放棄又實在可惜。於是，精明的李嘉誠巧妙地找出了第

三條「殘途」：一條可行且有利的出路，在與怡和洋行正面
交鋒的戰場上主動撤退，並以已經獲得的前期成果作為「籌
碼」向包玉剛進行交易，以換取包玉剛幫助自己從滙豐銀行
承購英資和記的股票 9,000 萬股。換言之，在主動撤退後並
非無所作為，而是轉換一個方向進攻。

應當說，這一個新的攻擊點也是選擇得非常適當的。當
時在香港的頭號英資是怡和洋行，第三號是英資和記洋行，
李嘉誠的實力雖不及怡和洋行，但想盤奪和記洋行還是有很
大可能性與現實性的。包玉剛將手頭的 9,000 萬股黃浦股份
有限公司的股票轉手賣給李嘉誠後，李嘉誠便如虎添翼，舉
手之間即可吞掉和記洋行。

由此觀之，李嘉誠的這一招是撤退，也是進攻；是「解
套」，也是發展。不能不使人心悅誠服。

# 逆風而上，反手成「金」

　　所謂逆向經營，是西方一些有經濟頭腦的企業家在關鍵時刻運用的法寶，是指在某種產品充斥、滯銷積壓、廠商紛紛轉向或倒閉的市場行情下，堅持逆流而上，繼續保持生產和銷售勢頭的獨特方法。這種經營之道之所以能夠成功，就在於決策者根據市場變化趨勢，運用商品的價值規律，作出的「反其道而行之」的選擇。因為某種產品的市場飽和狀態是相對的，這並不意味著消費的終結。在大部分企業轉產的情況下，消費仍然在繼續，當市場一旦缺貨，就會形成一個消費空白期，這就為少數行逆向經營之道的經營者提供了一個填補市場空白的機會，因而能造成「人下我上、人衰我興」的效果。

　　從一般意義上來說，大市場的疲軟對每個經營者都有消極影響。市場疲軟、銀根緊縮，對企業的發展當然不利，這是不言自明的。但同時我們還需看到，我不利，我的同行們也不利，可能還有人比我更不利。譬如，根據我們的經驗，市場疲軟、銀根緊縮這一客觀事實，對工業企業的不利影響就比對商業企業的影響更大。對於同類別企業而言，那些

基礎建設專案上了一半的企業比起那些基礎建設專案業已完成的企業來說，不利的影響更大。此時此刻，先分析一下，我是處於什麼樣的狀態之中？我的不利的一面與同行相比如何？與其他行業相比又是如何？這其中應迴避些什麼？這其中可供利用的又是什麼？經過這一番深入細緻的分析，你可能就會發現，這疲軟之中亦有可利用的機遇，且是那些在市場興旺之時求之不得的機遇。及時地抓住它、充分地利用它，你就可能在這「疲軟」之中登上一個新臺階。當然，這裡所說的「新臺階」可能是絕對的，即與自己過去相比；也可能是相對的，即與自己的同行競爭對手相比。

市場疲軟之中亦存在機遇，這種機遇主要展現在以下兩個方面：

其一，如前所說，在市場興旺之時，所有的同行企業誰也不肯讓出半寸土地，他們寧可少賺錢，甚至不賺錢，也要在市場占有率上拚個你死我活。一旦市場疲軟，便紛紛以緊縮策略來渡過難關，這「緊縮」便意味著主動讓出部分市場份額。盡人皆知，市場疲軟並不是市場終止，事實上，市場還在執行，只不過是需求量減少而已。大家都緊縮生產、銷售，讓出部分市場空間，這不正是擴大市場占有率的絕妙佳期嗎？當然，這麼做既要有膽識，又要有一定的實力作為保證。

其二，市場疲軟，正是與各方建立關係的最佳時刻。俗話說：「錦上添花不如雪中送炭」。在市場走俏之時，商業公司到工業公司去拿貨，去建立總經銷關係可能要看人臉色，可能不得不接受一些苛刻的條件。但在市場疲軟之時你去找他，他會把你當成救星、當成恩人，他會給你優惠的條件，他會把你當成真正的朋友。一旦市場復甦，其他商業企業趨之若鶩之時，恐怕就顯得為時過晚了。因為，他們喪失了機遇。

由此看來，所謂「逆風而上」並非真正是冒天下之大不韙，而是在逆風中找「順風」、覓「機遇」，在別人意想不到的時候，以別人意想不到的策略，為自己謀得市場占有率，為自己累積高速發展的後勁。

**訣竅應用提示**

1 逆向思維是從「反」求「正」，但不要凡事都依賴逆向思維，只有在常規思維無法解決時，逆向思維才能產生奇效；

2 先反後正，先正後反，亦正亦反。有時應多種思維並用，可能效果更佳。

# 市場分析是發現商機的關鍵

　　市場機會是市場上存在的未被滿足的消費需求。在當今的時代，任何一位經營者都不能保證自己現有的產品將會是市場上永遠適合市場需求的商品，只有不斷尋找、分析、評價新的市場機會，才能保證企業得以長久地生存和發展。

　　經營者尋找市場機會、開拓市場通常可按以下次序進行：首先，應當在現有市場上挖掘潛力，把現有產品進一步滲透到現有目標市場上去，以擴大銷售量；其次，如果現有市場已無潛力可挖，則應進行市場開發，也就是用現有產品擴大目標市場的範圍；第三，當市場開發也無潛力可挖時，就要考慮進行產品開發，亦即透過改進現有產品或開發新產品來吸引現有顧客；最後，當產品開發也已潛力不大時，則可根據自身資源條件考慮多樣化經營，亦即尋找多種經營的市場機會，開創完全不同於目前所經營的產品，逐步發展到多種產品的經營。

　　不過，摸清市場機會是一回事，鑑別市場機會是否適合本經營者的情況則是另一回事。市場機會作為「環境機會」成為「企業機會」是有條件的，這就是：與經營者的任務相一致；經營者具有利用該機會的資源能力；利用該機會足以實現經營

者的目標要求。與經營者任務不一致或經營者無力利用的市場機會固然不能成為企業的行銷機會，有能力利用、而不足以實現經營者目標的市場機會也不是合宜的企業機會。分析市場機會，是正確制定企業行銷策略、保證企業成功發展的一個關鍵。

在 1960 年代中期，有兩個國家的皮鞋廠的兩位行銷員先後到達南太平洋的一個島嶼上，目的都是推銷自己公司皮鞋。這兩位行銷員都發現了一個共同的事實：這個島嶼上人人光腳，都不穿鞋子。然而一人沮喪不已，一人大喜過望。這是怎麼回事呢？原來，他倆雖看到了同樣的事實，卻得出了不同的結論，作出了不同的預測。前者認為，不穿鞋的人永遠不穿鞋，推銷等於「瞎子點燈，白費蠟」，他給公司總部發回的電報是：「本島無人穿鞋，我決定明天返回。」後者則認為：「今天不穿鞋子不等於永遠不穿鞋，隨著經濟生活水準的提高，外來文化的影響，他們的生活習慣會逐漸得以改變。他給公司總部發回的電報是：「極好了，該島無人穿鞋，是個很好的市場。我將駐在此地，開展促銷活動。」接下來他便印製了一種沒有文字的廣告畫，畫面上是島上的一位壯漢，腳穿皮鞋，肩扛虎豹狼鹿等獵物，形象威武雄壯。島上的人果然欣然接受了穿鞋這一文明的生活方式。該公司的皮鞋暢銷於該島，公司賺到一大筆錢，並牢牢地把握住了這一市場。

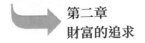

# 引領潮流，創造商機

　　無論是國內還是國外市場，總是不時地掀起一股股消費熱潮，它足以說明市場競爭的一個重要特點：迎合消費者的求新心理，不斷掀起這樣或那樣的熱潮。

　　某公司是以經營生產各類汗衫為主的公司，但當地生產汗衫的公司多如牛毛，市場消費已漸趨飽和，該公司生產的汗衫大量積壓，產品積壓又導致了公司資金周轉不靈，該公司在這一艱難困境之中舉步維艱。

　　一個偶然的機會，該公司負責人看到報上一則消息說奧運會即將盛大舉辦，他把這則消息仔仔細細地看了一遍，心中已預感到這條新聞背後所蘊含的巨大商業機遇！他立即召集公司主要負責人員，對奧運會進行分析預測，大家一致認為，在奧運舉行的前後這一段時間，奧運將是社會關注的中心，也就是說，它一定會成為社會的熱點。如果將銷不出去的襯衫印上奧運會標誌，投入市場，一定會銷路大開。於是，該公司馬上動員人力，把積壓的汗衫全部印上奧運會標誌，並馬上投入市場，結果，行情極為看好，儘管工人加點趕印，仍然滿足不了需求。該公司僅僅利用這一市場熱點，

便一舉擺脫了困境，謀得了發展之路。

　　如果一種商品一旦成為時髦消費者所追逐的對象，將立即身價倍增。而商戰的規律永遠是，誰最先找到了熱點，誰就掌握了市場命脈，誰就能引領潮流，誰就能成為競爭的勝利者，誰就在這個社會擁有自己的一席天地。

# 不放過萬分之一的成功機會

在商業競爭中，哪怕只有萬分之一的成功希望的機會的人。

機會到處都有，就看你是否抓得住。許多人抱怨沒有機會，他們說他們都是勤快人，之所以失敗，是因為沒有機會。其實機會無處不在，那麼如何抓住機會呢？機遇與我們的事業休戚相關，機遇是一個美麗而性情古怪的天使，她倏爾降臨在你身邊，如果你稍有不慎，她又將翩然而去，不管你怎樣扼腕嘆息，她卻從此杳無音訊，不再復返了。

20 世紀的美國人有一句俗諺：「通往失敗的路上處處是錯失了的機會。坐待幸運從前門進來的人，往往忽略了從後窗進入的機會。」

有不少「聰明人」對此不屑一顧，其理由是：第一，希望微小的機會，實現的可能性不大；第二，如果去追求只有萬分之一的機會，倒不如買一張彩券碰碰運氣；第三，根據以上兩點，只有懶人和傻瓜才會相信萬分之一的機會。

任何事物的出現都是多種矛盾作用的結果。因為矛盾交錯存在，某個機遇出現時，往往以偶然性的形式表現出來，

又混雜於多種偶然性之中，這就會給我們尋找、辨認機遇帶來許多麻煩。這就是決策者難下決心之所在。所謂抓住商機，就是透過偶然性看到它產生發展的必然過程，抓住可能性。這裡有個具體問題，即在一定條件下，在多種可能性存在的情況下，往往只有一種可能性會變為現實，而且，這種可能性很可能隱蔽在顯露的可能性之後，更可能不是我們眼前最富魅力的可能性。這就提醒我們不但要分析、尋找一個一個的可能性，而且要有分辨存在於多種可能性中那種只有它才能變為現實性的能力。

千萬別小看無意中的機會，幾乎所有成功者都是在自身實力的基礎上，看準時機，及時捕捉，藉此實現目標。

克魯姆是位美國印第安人，他是炸馬鈴薯片的發明者。1853 年，克魯姆在一高級餐廳中擔任廚師。一天晚上，來了位法國人，他吹毛求疵總挑剔克魯姆的菜不夠熱，特別是油炸食品太厚，無法下嚥，令人噁心，克魯姆氣憤之餘，隨手拿起幾個馬鈴薯，切成極薄的片，罵了一句便扔進滾滾沸油中，結果好吃極了。不久，這種黃色、具有特殊風味的油炸馬鈴薯，成了美國特有的風味小吃而進入了總統府，至今仍是美國國宴中的重要食品之一。

美國百貨業鉅子約翰·甘布士曾說：「不放棄任何一個哪怕只有萬分之一可能的機會。」有許許多多成功的範例，

都是由現實生活中小事所觸發的靈感引起的。

多留心生活，偶爾的一件小事可能就是將你引上成功之路的千載難逢的機會。

要想把握這萬分之一的機會，必須具備一些必需條件：

1. 目光長遠。鼠目寸光是不行的，不能看見樹葉，就忽略了整個樹林。

2. 必須鍥而不捨。沒有持之以恆的毅力和百折不撓的信心是無濟於事的。

假如這些條件你都具備了，那麼有一天你將可能成為百萬富翁，只要你去付諸行動。

### 訣竅應用提示

1. 必須把自己置身於市場之中；

2. 相信每個「可能性」的現實意義；

3. 要有尋覓情人那樣執著的精神。

# 速度就是財富

　　商機稍縱即逝，想致富者必須對商機反應敏捷，商機，速可得，坐必失。

　　有句古語，叫做「機不可失，時不再來」。時間有其獨自的特性：一是無法返回；二是無法積蓄；三是無法取代；四是無法失而復得。機遇離不開時間，時間是機遇的生命。

　　怎樣才能抓住機遇呢？還是培根說得好：「最好把一切大事的起始交給百眼的阿加斯，而把終結交給百手的布瑞阿瑞歐斯！」就是說，讓百眼巨人阿加斯擔任注視機會開始的職務，以便敏銳地識別機遇，積極地尋找機遇；讓百手巨人布瑞阿瑞歐斯的一百隻手去抓住機遇，以便能準確地利用機遇，迅速地得到機遇。要抓住機遇，首先要善於觀察。達爾文的兒子在談到他父親時這樣說道：「當一種例外情況非常引人注目並屢次出現時，人人都會注意到它。但是他（指達爾文）卻具有一種捕捉例外情況的特殊天性。很多人在遇到表面上微不足道、又與當前的研究沒有關係的事情時，幾乎不自覺地、以一種未經認真考慮的解釋將它忽略過去。這種解釋其實算不上什麼解釋。正是這些事情，他抓住了並以此

第二章
財富的追求

作為起點。」當然，抓住機遇，比認出機遇更重要。

時機問題，既是機遇問題，又是速度問題，抓時機要快，特別在當今社會因其社會化大生產所具有的整體性、複雜性、競爭性和多變性的特點，更要求有志於成功者要有機遇觀念、速度觀念。同一科學研究，你起步晚了，人家就搶先成功了；同一個發明，你生產慢了，人家就搶在前面大量生產了；同一個市場，你不占領，別人就獨霸了。競爭是空前激烈的，據說在日本的那些知名企業裡，每五秒至一分鐘就可獲得世界各地市場行情的變動情況，而經營者面對每時每刻都在變化的市場，錯過一分一秒就可能失敗。要想把握機遇，就不但要努力學習揭示客觀必然規律性的科學知識，著重認識事物發展的必然規律，而且要有一種鍥而不捨、雷厲風行、只爭朝夕的精神，絕不能坐失良機。

在倫琴發現 X 射線以前，英國科學家克魯克斯、德國科學家雷納特以及其他一些德國和美國的物理學家，都曾看到存放在陽極射線管附近的照相底版被感光了，但他們都沒有像倫琴那樣認真地抓住不放，從而失去了發現 X 射線的機遇。正如在倫琴連續發表三篇論文闡述他的發現後，有人企圖貶低倫琴的發現時，哈佛大學的哲學家閔斯特貝爾格說的那樣「假定機遇促成了發現，可是在伽伐尼偶然看到掛在鐵門上一隻蛙腿的彎縮以前，世界上不知道有多少次伽伐尼效

應。世界上經常充滿這種機遇，可惜伽伐尼和倫琴太少。」

　　這就是說，伽伐尼和倫琴的功績不在於他們看到什麼現象，而在於他們對這種現象抓住不放，因而抓住了機遇，登上了成功的臺階。

　　時機在時間的演進中產生，又在時間的變化中消失，抓住了時間便是抓住了機遇，捕捉時機貴在迅速。

# 目標市場，潛在商機

　　經營者在選擇了宜於發展的市場機會之後，就應抓住機會確定目標市場。所謂目標市場，是指目標顧客，也就是經營者準備為之提供產品和服務的顧客群。經營者確定目標市場可以有兩種方式：一是先進行市場細分，然後選擇一至數個子市場即細分市場作為自己的目標市場；二是不搞市場細分，直接以產品的整體市場作為自己的目標市場。

　　顯然，以市場細分為基礎選擇目標市場比較複雜。在細分化了的市場上選擇目標市場，一般有五種策略可供選擇。

1. 產品市場集中化。即目標市場限定於一個單一的細分市場，亦即經營者決定生產一種規格或樣式的產品專門為一個細分市場服務。小經營者常常採用這種目標市場範圍策略。

2. 產品專業化。即經營者向各類顧客同時供應同一種規格或樣式的產品。這種策略使經營者可以集中力量滿足某一類特定的消費需求。

3. 市場專業化。即經營者為同一個顧客群提供數種不同規格或樣式的同類產品，以滿足他們的不同需求。

4. 選擇性專業化。即經營者提供有限幾個不同規格或樣式的產品，相應滿足幾個不同顧客群的需求。

5. 全面進入。即經營者全面進入一種產品的全部細分市場。以規格、樣式齊全的產品滿足各個顧客群的需求。這通常只有擁有大中型企業的經營者才能做到；而擁有大中型企業的經營者以產品的所有細分市場作為目標市場，通常也有一個由少到多的漸進過程。

薩伯公司選準目標市場的案例就值得好好研究一番。瑞典的薩伯公司在第二次世界大戰期間是個專門生產戰鬥機的工業企業。但隨著硝煙的散去，戰鬥機已經沒有銷路。於是，薩伯公司轉產民用汽車。經過艱苦努力，薩伯公司終於生產出一系列頗受消費者歡迎的汽車。

薩伯公司所選定的豪華和運動汽車這一目標市場主要是由 25 至 44 歲之間的中青年消費者組成的。這一年齡層的特點是：數量多（在人口總數中占比例為 45%），收入高，但同時又對汽車的品質、樣式、服務和舒適感要求較高。這一目標市場的規模雖然較小，但卻較為重視產品的品質和樣式，而薩伯公司恰恰又具備生產品質高、技術先進的汽車的能力，因此較為適宜開拓這個市場。

薩伯的成功告訴人們：「要想把握商機，必須選好目標市場。」

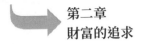
# 無中生有，製造商機

　　無中生有，製造商機，乍聽起來近乎天方夜譚，似乎很難。其實，只要你掌握了「無中生有」的技巧，也就不難了。就看你肯不肯動腦，善不善於多思，那種只知埋頭苦幹，下憨力的「勤快」人是難能為任的。

## （1）巧因閒事生妙計

　　閒事，往往看似閒而其實不閒，看似與己無關而其實有關。關鍵在於經營者能否巧妙地利用看似與己無關的閒事，在平平淡淡之中生奇、創機、造勢。古代軍事家說過，行軍布陣，敵我雙方都會，但取勝的關鍵在於「運用之妙，存乎一心」。用現代話講，就是要隨機應變，巧妙用兵，創造出取勝的機會。

## （2）善用凡事發大財

　　凡事，乃平凡、平常之事也。平凡尋常之事司空見慣，無處不在處處在，人人整天就在做平凡事和製造平凡事，他人與社會也整天在做平凡事和製造平凡事，人與企業都生存在平凡事構成的世界之中。只不過在許許多多的凡事中，有

些與你直接關聯，有些和你間接連繫罷了。創機造勢，就是要巧妙利用企業策劃，存在於市場生存空間中的各種平凡、平常之事，讓凡事不凡，小事生大。

## （3）利用壞事，化危為機

所謂「壞事」，對經營者而言，就是失誤，就是事故，就是危機。無論壞事、事故，還是失誤、危機，都是經營者在正常運作中，出現的難以預料的突發事件。這種突發事件往往給經營者的發展以及信譽、形象，甚至生存產生極大的影響。但是，對於創業者來說，任何「危機」都應該是「機」而不是「危」。因為任何一個真正的經營者都應該具備「臨危不亂」，「善用壞事」、「轉危為安」的素養和能力，從而實現「化危為機」，弊中生利。

對於每一個經營者來說，都不可避免地發生各種突發事件。如果處理不好，則會危及自身發展，一旦事故發生就努力「善用壞事，弊中取利」，那麼，每一次事件都能成為經營者自身發展的一次新的機會。

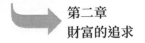

# 藉助他人，發掘商機

創造新的商機，除了自身的努力，還要善於利用一切可以利用的機會和條件，藉助社會力量和強者力量。

為了省力並盡快開展工作，可以藉助別人開啟的好局面，來做自己的基礎或動力，順勢發展下去；也可以藉助別人的威望，打著別人的旗號辦事，巧妙利用這些無形的力量和資產，壯大自己的力量，是捕捉生意機會的一條捷徑。

「借得東風好行船，好船能使八面風。」細心觀察周圍可借之勢吧，它們一定能夠助你成功。

## （1）借名揚名

「狐假虎威」是一種精明的商戰策略，具有投入少、見效快、收益大的效果，甚至有起死回生之奇效。

其實，作為一種商戰競爭戰術，「狐假虎威」就是借名揚名，借名抬高自己，發展自己，這在現代商戰中屢見不鮮，而且屢用屢有效，如果你也能精於此道，事業不愁不能更上層樓。

借名揚名術是許多精明的企業策劃人和經營者在商戰中常用的戰術。

一般來說，借名揚名術，有以下三種基本方式：

1. 與名牌、名店、名廠、名人聯姻、聯營，借名牌之勢抬高自己，並乘機借勢發展自己。

2. 利用名牌、名人、名廠、名店之名，抬高自己，發展自己。

3. 巧借名牌、名人、名店、名廠之勢，「坐享其成」而借梯上樓。

## （2）要善於借名釣利

當代社會科學技術迅速發展，科學知識的領域已十分廣闊，依靠個人的智力已不可能獨立地通曉一切知識領域。除依靠人們對權威人物的崇拜，藉助名人達到賺錢致富目的之外，商界最常見的是借用名企業的名號，借用名牌、商標緻富。

借名釣利，名能生利，是成熟商人懂得的並巧妙施用的謀略，借名釣利的事例舉不勝舉。

## （3）將名人效應引入企劃策略

名牌企業、名牌產品之所以能叱吒市場，固然在於它的高品質、上等次、高品味，但亦需行之有效的高水準企劃謀略，而其謀略之一，便是藉助和發揮「名人效應」。

然而，這裡所要論述的企劃思想、企劃方略，不是花費

重金「聘請名人」做廣告,而是不花錢或少花錢「利用名人」做廣告。

　　從投入與效果相統一的原則來說,不花錢或少花錢「利用名人」做廣告比起花費重金「聘請名人」做廣告,要經濟划算得多。可見,「利用名人」做廣告比起「聘請名人」做廣告而言,才是真正意義上的企業軟科學策劃,才是大手筆、高水準的企業策劃,才是道高一丈的奇招、高招,也才是企業策劃者和企業經營者所應研究、追求的最佳企劃策略。

　　「利用名人」營造「名人效應」的關鍵,在於「利用」兩個字,就是在不花錢或少花錢的前提下,讓「名人」在知道不知道、自覺不自覺、情願不情願、有意無意中為你的企業揚名,替你的產品樹名。

　　下面是幾種「利用名人」營造「名人效應」的方法:

1. 和名人交友結誼;
2. 讓名人用你的產品;
3. 請名人加盟你的企業;
4. 讓名人評價你的產品;
5. 讓名人光臨企業做客;
6. 用名人相關資訊揚名;
7. 讓名人為你設計產品;
8. 借名人做你的廣告模特。

# 科技成果，孕育商機

人們常說：「科學技術是第一生產力」，科技不僅在社會進步、經濟發展中有至關重要的作用，對於經營者個人來說，其中也蘊含著無限商機。身為經營者，要善於從科技發展中發現商機。

遐邇聞名的日本索尼公司能有今天的聲望，完全靠的是領導者敏銳的目光和開拓的膽識。他們善於發現市場需求的新動向，選準科技發展的制高點，不斷開發新產品。

起初，索尼製造的磁帶錄音機是模仿美國的產品，幾乎賣不出去。1952 年，索尼經理井深大正在美國推銷產品，聽到美國軍方轉讓耗資數萬美元開發成功的電晶體技術後，便立即趕去談判轉讓專利。兩年後，他終於以 25 萬美元的極低的價格買到手，並加以改造，把它用在收音機上。1955 年 8 月，第一臺電晶體收音機出現在日本東京某商店的櫥窗裡。第二天，人行道上 5,000 人排隊等待進店，急先搶購。當其他廠家也轉向生產電晶體時，索尼已開發出了新的電子品種，索尼永遠是一個開拓者。

# 第二章
## 財富的追求

科技的神奇力量已為中外企業的實踐所證實，其點石為金的價值使得成功的企業家從未敢小視，若能從中捕捉住瞬間即逝的生意機會，會使一個企業起死回生。

科學技術是第一生產力。現代企業的發展，越來越倚重於現代科學技術，只有不斷進進技術革新，生產出更好更受消費者歡迎的產品才能最大限度地占有市場。

技術革新是企業活力的泉源，是企業生存與發展的最重要的因素。三星集團自創辦以來不斷進行科學研究技術的研究開發，不斷加大對研究開發的投入，在半導體、電子、資訊、航空、化工等主要技術領域，取得了舉世矚目的成就。

三星公司超速發展的歷程表明：技術革新是企業發展的火車頭。

一個企業，要長期保持良好的經濟效益，就必須能為使用者不斷提供新的、技術含量高的產品。因此，僅僅依靠循環往復地生產一些固定的產品，只注重增加產品數量是難以較長時間地占有市場的，這就要求創業者不能故步自封，要不斷地引進技術發明，加快產品更新換代，使自己的產品總能吸引使用者好奇、讚賞的目光，並將他們口袋中的鈔票納入自己的帳號，這是企業經營的最高境界。

## 訣竅應用提示

1. 無中生有不能理解為空穴來風，憑空捏造，而應是在現實的市場中有潛在需求的基礎上來創造商機的。

2. 創新一定要針對市場的需求，否則，單純求「新」是變不成財富的，這樣的創新便失去了意義。

3. 藉助他人要善用技巧，要善於造勢，在造勢中造出財富。

# 第三章

## 財富的積聚

# 好的職業就是成功的一半

對人生來說，一種好職業的標準是：易於你的發展，能夠使你不斷進步，能讓你學到相當的技能，而且前途無限。

選擇哪一種職業比較合適呢？這是任何人早晚都會遇到的問題，如果一個年輕人找不到正當的職業，那麼他的生活一定十分的無聊。

如果要選擇職業，就去做那種光明正大、利人又利己的工作吧！千萬不要從事你對其正當性產生懷疑的職業，從事這樣的職業無疑會使你內心感到不安，這樣，你在這種職業上就絕對不會有成功的希望，即使你有鋼鐵大王卡內基和富商培彼第的才能，也不見得會把那個職業做得心應手。

在可能的選擇範圍內，不要從事那些會損害你的健康、讓你沒日沒夜工作永無假期的職業。你完全沒必要為自己的職業擔心，只要選擇那些適合你的工作就可以了，完全不必要去嘗試那些條件過於苛刻、不適合你的工作。

有些人因為薪水的緣故，竟去從事那些低賤的職業，那些職業往往會喪失他們的人格、損害他們的身體、消磨他們的志趣、埋沒他們本可以有更大作為的才幹，這樣的職業會

使他們的生命看不到希望。

從眾多可能的職業中選擇一個適合的職業，就像從許多書籍中選出一些有益的讀物一樣，你要盡可能選取那些高尚而又適合你自己的工作，要做到深謀遠慮，你所從事的職業必須是既有益於別人又有益於自己的。

不管是誰，如果因為要逞一己之能，而忽視對自己品格的培養和發展，那麼終其一生，必定失敗無疑。

一個身體強健、富有才幹的人，如果把所有的精力都用在那些卑劣低微的工作上，而埋沒了自己最出色的理智與才幹，那他還有什麼希望呢？俗話說得好：「做人如逆水行舟，不進則退。」這是每個人都應該牢記的。

世界上不知道有多少人，智力甚高、才幹過人、身強體壯，本來可以大有作為，但他們寧可把自己的智慧和體能消耗在一些毫無意義、使人墮落的工作上。

試想，一個人為了一點錢就不惜犧牲自己的人格，去做那種傷天害理的事情，他們哪裡還有臉面去見自己的親人和朋友？從另一個角度看，如果為了滿足一時的慾望和快樂而置一生名譽於不顧，他們的做法明智嗎？

世界上最可悲的事情，就是一個人違背自己的良心和意志，去做他本不願從事的工作。

一個有抱負的人因為「命運不濟」或是「謀生困難」的

藉口，就違背自己的天性、拋開自己的自尊，去從事那些不值一提的卑賤職業，這是多麼的可憐啊！這些人本來應該利用一切大好資本，去過一種合乎道義的高尚生活。

一個人在世上有許多職業可以做。即便去做那掘溝渠、開煤礦、搬磚頭、砌瓦片的工作，也不要去做那些傷害人格、妨害自尊、違背天良、犧牲快樂、違反情理的事情。

要想獲得成功，你就必須為自己設計一個一生的計畫，然後集中心思、全力以赴地去執行這一計畫。

凡是能成就大事的人遇到重要的事情時，一定會仔細地考慮：「我應該把精力集中在哪一方面呢？怎麼做才能使我的品格、精力與體力不受到損害，又能獲得最大的效益呢？」

首先，你應該做的是，選擇一個最適合自己發展的環境，在這一環境中，竭盡全力去把事情做得盡善盡美，以此來實現你期望的目的。你所選擇的環境一定要適合你的性格、才智和體力。總而言之，一開始做事的時候一定要先邁得開步伐，然後才能大踏步地前進。在一個適合自己的環境裡，我們做起事來才能感到順暢愉悅。

很多人往往存有一種錯誤的觀念：認為自己從小就對某方面的事務感興趣，所以長大了從事這方面的職業一定如魚得水。其實，這種觀念是不對的，有很多人要等到中年才最

終確定自己究竟要走哪條路，因為人到中年時，他們在職業方面已經累積了豐富的經驗，一接手工作就能很順利地展開。

當然，我們應該及早選擇一種最適合自己的職業，但也不可過於急躁、草率。如果還無法及時確定，不妨慢慢來，再慎重考慮一下。固然，這樣的問題對於才智過人的人來說是不難抉擇的，但是我們還是能看到，多數人因為職業選擇的事情心緒紊亂、焦頭爛額，自己究竟應該往那邊走，還是往這邊去？尤其是好的機會降臨時，他們更不知道該怎麼辦。其實，在通常情況下，一個人即使沒有多少事業上的野心，只要他們品格端正，肯勤勉努力，就必定能找到自己在社會上的立足之地。

亨利·戴克（Henry Dyke）教授說：「一個人最大的致命傷就是遇事猶豫不決、優柔寡斷。其實，凡事做起來只要覺得有些把握並且還有興趣，那就完全可以當機立斷，立志去做。在職業方面，種種無謂的考慮與擔憂，只會妨礙自己的前程，只有那些勤勉努力、踏實工作的人，才能不斷提升自己。」

托馬斯·斯賴克博士也這樣說：「我能夠達到今天的高度，完全是因為我總是考慮如何動手去做。老是東想西想，瞻前顧後，優柔寡斷，是絕不會成功的。」

# 五分鐘投資亦有回報

每天肯花時間鑽研的人，將會越來越傑出。絕不要放棄學習，並要努力把學到的知識用於生活之中。

渥淪‧哈特葛倫博士是一位博學多聞的老人，他以前是聖淘沙一所大教堂的牧師，後來退休了。他曾經問過一位年輕人是否了解南非樹蛙，年輕人坦白地說：不知道。

博士誠懇地說：「如果你想知道，你可以每天花五分鐘的時間閱讀相關資料，這樣，5 年內你就會成為最懂南非樹蛙的人，你會成為這一領域中最具權威的人。」

年輕人當時未置可否，但他後來卻常常想起博士的這番話，覺得這番話真的道出了許多人生哲理。

我們大多數人都不願意每天投資 5 分鐘的時間（與 5 個鐘頭的時間相比實在是少之又少）努力成為自己理想中的人。

伍迪‧艾倫（Woody Allen）說過，生活中 90％的時間只是在混日子。大多數人的生活層次只停留在：為吃飯而吃、為搭公車而搭、為工作而工作、為了回家而回家。他們從一個地方逛到另一個地方，事情做完一件又一件，好像做

了很多事，但卻很少有時間從事自己真正想完成的目標。就這樣，一直到老死。很多人臨到退休時，才發現自己虛度了大半生，剩餘的日子又在病痛中一點一點的流逝。

成功與不成功之間的距離，並非大多數人想像的是一道巨大的鴻溝。成功與不成功只差別在一些小小的動作：每天花 5 分鐘閱讀、多打一個電話、多努力一點、在適當時機的一個表示、表演上多費一點心思、多做一些研究，或在實驗室中多試驗一次。

在實踐理想時，你必須與自己做比較，看看明天有沒有比今天更進步 —— 即使只有一點點。

只要再多一點能力；

只要再多一點敏捷；

只要再多一點準備；

只要再多一點注意；

只要再多培養一點精力；

只要再多一點創造力。

通常只有遇到實際的狀況後，才能分辨你的能力足不足以勝任那份工作。如果你是一個外科醫生，動手術時卻手腳笨拙，就說明你醫術不佳；如果你是一個廚師，人們無法知道你廚藝好不好，除非你準備了一頓餐點，人們悉心品嘗後才會曉得。

評斷你能力的最佳裁判不是你的老師、消費者或你的朋友 —— 而是你自己！

在行動之前你自己就知道你是否足以勝任這一任務。你可以想盡辦法掩飾你的無能，並祈禱沒有人會發現你知道的很少、動作多麼的不熟練。但終究你還是得面對自己的無能，也必須自己想辦法修正。

沒有任何藉口可以解釋你為什麼長時間仍然無法勝任一項工作。第一天你可能什麼都不知道，第二天你應該懂點什麼。第一次嘗試一份工作，你可能沒辦法表現得很完美，但經過一、兩天的練習，你應該要比第一天做得更好。

別人可能也無法真正斷言你是不是一個誠實的人 —— 在實際的表現之前。只有你自己才知道自己的動機或企圖；只有你自己才知道自己誠不誠實、值不值得信賴；只有你自己才知道你提供的交易公不公平。

人們通常了解他們自己是不是欺騙了他人，如果自己連這點都不知道，就已經成為病態的騙子，行為上也會有嚴重的偏差。

不論你想追求的是什麼，你必須強迫自己增強能力以實現目標。這就需要鑽研自己的領域。認真地研讀、仔細地觀看、專心地聆聽這行中頂尖的人的言行舉止，並效法他們的作為。

# 把握生命中的每一次機遇

　　生活中不是缺少美，而是缺少發現美的眼睛。同樣，生活並不缺少機遇，而是缺少發現機遇、抓住機遇的素養。

　　常有人如此感慨：「如果給我一個機會，我也能……」，他們把自己的命運繫在一個等來的機會上，他們當然總也不會成功，他們可能至今仍在抱怨自己的命運。

　　羅丹（Rodin）說：「生活並不是缺少美，而是缺少發現美的眼睛。」同樣，生活並不缺少機遇，而是缺少發現機遇、抓住機遇的素養。如果有了很高的素養，即使生活沒有機遇，也能創造機遇。

　　一家英國鞋廠和另一家美國鞋廠，各派了一名業務員到太平洋的一個島嶼去做推銷工作。上島後，他們各自給鞋廠打回一封電報。英國業務員那封電報是：「這座島上的人不穿鞋，明天我就搭首班飛機回來。」另一封電報是：「棒極了，這個島上的人都還沒穿上鞋子，潛力很大，我將常駐此島。」面對同樣的狀況，一個看到的是「失望」，一個看到的是「機遇」。可見，素養不高的人就是機遇擺在面前也不知道，而素養高的人就連別人看不到的機遇也能發現。生活

103

中許多人總是埋怨沒有機遇，實際上該怪自己素養不高。許許多多的機遇就在你的眼前，就看你是否有發現它們的素養。

素養高的人生就一雙敏銳的眼睛，時時刻刻洞察著機遇，素養不高的人則恰恰相反。美國曾經掀起淘金熱潮。淘金生活異常艱苦，最痛苦的是沒有水喝。人們一面尋找金礦，一面不停地抱怨。

甲嘀咕：「誰讓我喝一壺涼水，我情願給他一塊金幣。」

乙宣布：「誰讓我痛飲一頓，龜孫子才不給他兩塊金幣！」

丙發誓：「老子出三塊金幣！！」

……

在這種抱怨聲中，亞默爾發現了機遇：如果將水賣給這些人喝，比挖金礦更能賺到錢。於是他毅然放棄淘金，將水運到山谷，一壺一壺賣給找金礦的人。一起淘金的夥伴們都紛紛嘲笑他「不挖金子發大財，卻做這種蠅頭小利的買賣。」後來，那些淘金的人大多空手而回，很多人甚至忍飢挨餓、流落異鄉，而亞默爾卻在很短的時間內靠賣水發了大財。亞默爾發財的機遇並不是上帝賜給他一個人的：淘金者都深感沒水喝的痛苦，人人都聽到了那一片抱怨聲，可是他們根本沒有意識到這是機遇，甚至還嘲笑亞默爾的做法。生活中類

似的事情還有很多很多。人們往往從表面上探尋成功的原因，歸之於條件，歸之於機遇，而實際上發揮關鍵作用的是人的素養。亞默爾正是具有其他淘金者所沒有的敏銳的洞察機遇的素養，決定了他能夠發現、得到別人得不到的機遇。

大家都看過關於泰森（Tyson）打擂臺咬耳醜聞的報導。許多人看過去就算了，最多把它作為茶餘飯後的談資而已，誰能意識到這就是個發財的良機呢？想不到美國的一個巧克力商人在咬耳醜聞發生之後，趕緊推出了一種形狀像耳朵的巧克力，上面缺了一個小角，象徵著被泰森狠咬的那隻著名的何利菲德（Holyfield）的耳朵，巧克力包裝上還有何利菲德的大照。此舉立刻使這個牌子的巧克力備受世人關注，在諸多品牌的巧克力中脫穎而出。這個巧克力商人就這樣一舉發了大財！泰森咬耳醜聞，全世界十幾億甚至幾十億人都知道，但是發現這個發財良機的只有這個美國商人。

抓住機遇，首先必須發現機遇。生活中處處充滿機遇。社會上的每一項活動，報刊上的每一篇文章，人際中的每一次交往，生活中的每一次轉折，工作上的每一次得失等等，都可能給你帶來新的感受、新的資訊、新的朋友，全都可能是一次選擇，一次機遇，是一次引導你走向成功的契機，問題在於你自身的素養，在於你是否能發現每一次機遇。不要以為機遇難尋，其實機遇就在我們的身邊，甚至就在我們的手上。

也許你不信，你會問機會究竟是什麼呢？實際上機會是一種有利的環境因素，讓有限的資源，發揮無窮的作用，藉此更有效地創造利益。具體地說，在特定的時空下，各方面因素配合恰當，產生有利的條件；誰最先利用這些有利條件，運用手上的人力、物力，從事投資，誰就能更快、更容易獲得更大的成功，賺取更多的財富。這些有利條件便是機會。

機會有三項要素，即資源、利益和條件的配合。

資源包括個人的知識、技能、人際關係的技巧、智慧、財富、膽量等等，也包括機構或企業的人才、資本、科技、裝置、現有的產品或服務，諸如此類。

利益是機會的主要內容，也是創造機會的主要目標。一種條件如果不能為人們帶來利益，那就不是機會。利益可以是金錢的收入、名譽的提升、形象的建立或改善；而建立聲譽和形象最終也會帶來金錢的收入。利益在不同行業裡各有不同的具體表現，例如，飯店業要求客房的入住率保持高水準，百貨業要求貨品流通迅速。而擴大市場占有率、提高利潤、降低成本等，是各行各業同樣的追求。

條件的配合是指客觀環境和創造機遇者的主觀條件互相配合。首先是客觀因素的變化，造成有利的投資環境。例如經濟復甦，人口激增，可用的土地有限，造成地價急漲，這

是把資金投入地產市場的有利環境。其次是指創造機遇者具備足夠的條件去利用這個有利的環境,例如買地、發展土地所需的資金、技術、人才等,以及個人的眼光、膽識和決斷力等。最後是指主、客觀因素剛好配合,例如,在地價快要急漲時,先已預見這個趨勢,又具備投資的各項條件。

　　現在,停止抱怨,仔細看看你周圍到底有沒有機遇。

# 等待機遇不如創造機遇

智者順時而謀，愚者逆理而動。弱者坐待時機，強者創造時機。聰明人自己創造的機會往往比他遇到的機遇要多得多。

成功的祕訣其實並不深奧，主動抓住機遇、改變自己命運的可獲得成功，被動的眼看著機遇從身邊溜走的往往會成為失敗的可憐蟲。

有位心理學家，在他的小女兒第一天上學之前，教給她一個訣竅，足令她在學習生活中無往不利。

他把女兒送到學校門口，在女兒進校之前，告訴她，在學校要多舉手，尤其是想上廁所的時候，更是十分重要。小女孩真的按照父親的叮嚀，不只在上廁所時記得舉手，老師發問時，她也總是第一位舉手的學生。

日子一天天過去，老師對這個不斷舉手的小女孩，自然而然印象極為深刻。不論她舉手發問，或是回答問題，總是讓她優先發言。而因為累積了許多這種不為人所注意的舉手發言權，竟然令小女孩在學習的進度上，以及自我肯定的表現上，甚至於其他許多方面的成長，大大超過其他的同學。

　　多多舉手，正是心理學家教給女兒在生活中創造機遇的最有利的武器。

　　許多人強調自己是千里馬，卻沒有被伯樂發現的機遇，你有沒有想過，為何不創造機遇自己主動跑到伯樂面前呢？或者把你的才華充分表現出來，那樣的話，即使不是伯樂也會發現你是個有本事的人。也許我們應該向這個小女孩學習學習，多舉手，主動吸引機遇的注意，為自己爭取和製造機遇。

　　你生來多才多藝，可能你是一位天生的作家、畫家或者音樂家。能否成為現實，我們只能祝你好運了。

　　18 世紀英國著名詩人托馬斯·格雷（Thomas Gray）曾經說過這樣一段發人深省的話：「很多鮮花，生來豔麗奪目卻無人所見；許多鮮花，生來氣味芬芳卻無人所知。」自格雷於 1750 年在鄉村墓地的碑銘上留下這一著名詩句時起，又有多少多才多藝的人生不被人們所知曉，便悄然枯萎了呢？要想使自己成為眾人所矚目的明星，除了需要有才藝、需要有大家的支持之外，更重要的是要得到大家的了解。

　　如何使別人了解你的能力呢？假如你要成為畫家，就需要一個畫廊來展示你的能力；假如你要成為作家，就要有一家出版社作後盾；假如你要想成為音樂家，身後則要有一個唱片公司的支持。

　　總之，你所需要的是那些能夠幫助你成功的人們的了解。

　　盡可能地將你的能力在畫廊、出版社、唱片公司裡全部表現出來，而且越全部越好。

　　保羅·麥卡尼（Paul McCartney）曾在美國利物浦大教堂的唱詩班試唱，結果失敗了。是艾普斯坦（Epstein）使麥卡尼與他的同伴們成為世界上最著名的樂團。隨著時光的流逝，事情的轉變是令你吃驚的：利物浦大教堂委託了保羅·麥卡尼為其創作長達一個小時的歌曲！

　　約翰·藍儂（John Lennon）是那個時代最具影響力的作曲家，可是若無艾普斯坦，他是不可能靠他的那把吉他謀生的。

　　如果你是一位天才，那麼，不妨去試著主動找找真正的伯樂，給自己創造機遇，而不是被動的等待機遇。

# 學會放棄，才會擁有

　　人的一生要遇到許許多多的選擇，無奈的是往往魚和熊掌不能兼得。在把握命運的十字關口，我們應當學會放棄。

　　在人的一生中，我們應學會放棄，當有所為，有所不為。我們失去的，會有收穫回報，不要悲觀地感慨「不可兼得」的失去，要樂觀地看到「失之東隅，收之桑榆」。

　　歷史性的機遇往往是很珍貴的，稍縱即逝。成功學專家透過調查發現：成功者往往有著很強烈的緊迫感，他們一旦意識到所面臨的機遇的巨大價值，就會全身心地去奮鬥，克服「干擾」，不怕挫折，直至達到目的，因此，時代所賜予的偉大機遇很難從他們手上溜掉。

　　生活中還充滿了種種誘惑，在誘惑面前我們也應當克制住自己不合理的慾望，適當放棄，對不應得到的不存非分之想，才是明智的作為。

　　兩千多年前，魯國的大臣公儀休，是一個嗜魚如命的人。他被提任宰相以後，魯國各地有許多人爭著給公儀休送魚。可是，公儀休卻正眼不看，並命令管事人員不准接受。

　　他的弟弟看到那麼多從四面八方精選來的活魚都被退了

回去，深感可惜，就問他：「哥最喜歡吃魚，現在卻一條也不接受，為何？」

公儀休很嚴肅地對弟弟說：「正因為我愛吃魚，所以才不接受這些人送的魚。」

「你以為那幫人是喜歡我、愛護我嗎？不是。他們喜歡的是宰相手中的權，希望這個權能偏袒他們、壓制別人，為他們辦事。吃了人家的魚，必然要給送魚的人辦事，執法必然有不公正的地方。不公正的事做多了，天長日久哪能瞞得住人？宰相的官位就會被人撤掉。到那時，不管我多想吃魚，他們也不會給我送來了。我也沒有薪俸買魚了。現在不接受他們的魚，公公正正地辦事，才能長遠地吃魚。靠人不如靠己呀。」

有一次，一個不知名的人偷偷往他家中送了一些魚，他無法退回，就把魚掛到家門口，直到幾天後魚變得臭不可聞才把它們扔掉，從哪以後，再也沒有人敢給他送魚了。

約束自己的得失之心，懂得為自己所作所為負責，即使在無人知曉的情況下仍能自律的人，在人生道路上也能掌握好自己的命運，不會為得失越軌翻車。

# 培養良好的工作習慣

　　凡是真正成功的人都有一個共同的特點，那就是絕不允許毫無裨益的習慣影響自己事業的發展。

　　一個把自己的全副心思都放在了工作中的人並不一定能取得成功，在現實世界裡，這樣的例子並不少見。為什麼會如此呢？其實原因很簡單，那就是他們在工作中所存留的不良習慣拖垮了他們。

　　在許多工作沒有計畫和條理的商行裡，要不少拿著高薪的員工做著極簡單的工作，比如拆信、把信札分類、寄發傳單等等事情。其實，此類工作，即便是待遇微薄的職工也一樣能夠勝任。像這樣一些沒有精細規畫的商行是永遠不會有發展的。

　　只有很少商人和店主，對於商行管理過程中時間的節約與職員的能力，有著相當的研究，但大部分商人和店主並不善於指揮，總不能使工作有條理和系統化，這樣就無法增加員工的辦事效率。其實，不去注意工作上的條理和效率，是經營上最大的失策。

　　工作沒有次序、缺乏條理的商人，總易因辦事方法的失當，而蒙受極大的損失。他們不知怎樣去有效地措置業務；

對於僱員的工作，他們不知道好好的安排；做起事來，有的地方不及，但有的地方卻過之；倉庫裡有許多過時、不合需求的存貨，也不及時把貨物整理一下，結果什麼東西都紛亂不堪。這樣的商行，必定失敗。

一個在商界頗有名氣的經紀人把「做事沒有條理」列為許多公司經營者失敗的一大重要原因。

工作沒有條理，同時又想做成大規模企業的人，總會感到手下的人手不夠。他們認為，只要人僱傭得多，事情就可以辦好了。其實，他們所缺少的，不是更多的人，而是使工作更有條理、更有效率。由於他們辦事不得當、工作沒有計畫、缺乏條理，因而浪費了大量職員的精力和體力，但還無所成就。

沒有養成做事有條理、做事有次序習慣的人，無論做哪一種事業決沒有功效可言。而有條理、有次序的人即使才能平庸，他的事業也往往有相當的成就。

有這樣一個性急的 A 先生，不管你在什麼時候遇見他，他都很匆忙。如果要和他談話，他只能拿出數秒鐘的時間，時間長一點，他便要拿出表來看了再看，暗示著他的時間很緊迫。他公司的業務做得雖然很大，但是花費更大。究其原因，主要是他在工作上毫無次序，七顛八倒。他做起事來，也常為雜亂的東西所阻礙。

　　結果，他的事務是一團糟，他的辦公桌簡直就是一個垃圾堆。他經常很忙碌，從來沒有時間來整理自己的東西，即便有時間，他也不知道怎樣去整理、擺放。

　　這個人自己工作沒有條理，更不知如何恰到好處地進行人員管理，他只知一味督促職工，但他只是催促職工做得快些，卻談不上有條理。因此，公司職員們的工作也都混亂不堪、毫無次序。職員們做起事來，也很隨意，有人在旁催促便好像很認真地做，沒有人在旁催促便敷衍了事。

　　而另一個與 A 先生同業的競爭者 B 先生，恰恰與他相反。他從來不顯出忙碌的樣子，做事非常鎮靜，總是很平靜祥和。別人不論有什麼難事和他商談，他總是彬彬有禮。在他的公司裡，所有職員都寂靜無聲地埋頭苦幹，各樣東西也擺放得有條不紊，各種事務也安排得恰到好處。

　　他每晚都要整理自己的辦公桌，對於重要的信件立即就回覆，並且把信件整理得井然有序。所以，儘管他經營的規模要大過性急的商人 A 先生百倍，但別人從外表上卻看不出他的慌亂。他做起事來樣樣辦理得清清楚楚，他那富有條理、講求秩序的作風，影響到他的全公司。於是，他的每一個職員，做起事來也都極有秩序，絕無雜亂之象。

　　因為工作有次序，處理事務有條理，所以，他在辦公室裡絕不會浪費時間，不會擾亂自己的神志，辦事效率也極

高。從這個角度來看，做事有方法、有秩序的人時間也一定很充足，他的事業也必能依照預定的計劃去進行。

今日之世界是思想家、策劃家有序工作的世界。不良的習慣如同垃圾，需要及時清理和打掃。唯有那些辦事有次序、有條理的人，才會成功。而那種頭腦昏亂，做事沒有次序、沒有條理的人，處在堆滿了垃圾的環境中，這世上決沒有他成功的機會。

除了有條理以外，養成準時的好習慣也是一個人在工作中取得成功的要素之一。一位有學問的人曾經說過，構成偉人的兩個要素，就是才能和準時，而前者往往又是後者的必然產物。因為凡是珍惜時間的人，不肯讓一分一秒從自己的指縫中流走的人，最後一定能在他的生命中打上「能力」的標記。

凡是真正成功的人，總是養成了準時的習慣。一個做事常常不準時、乘火車常常脫班、約會常常遲到、付款常常延期的人，其信用必定會一落千丈，別人也不會信任他。也許他實際上是一個很誠實的人，但誠實無法彌補不準時給他帶來的負面影響。

在每件事、每個約會上都準時的人，無形當中增加了他自己的時間。拿破崙曾經說過，他之所以能戰勝奧地利人，是由於奧地利人不知道五分鐘的價值。但是實際上，每失去

一分鐘就是多給自己一個遭遇不幸的機會。

在做事的過程中，再也沒有別的比準時更來得重要；也沒有別的再會比準時更能節省自己和他人的時間。有一次，拿破崙邀請他部下的一些將士來吃飯，可是到了時間，不見他們來到，拿破崙就一個人吃了起來。在他吃完的時候，他的將士們來了。拿破崙說：「諸位！午飯時間已過，我們立刻去辦事。」

很多年輕人因為不能準時，而失去了獲得高等職位的機會。範德比爾特先生一貫非常準時。在他看來，不準時乃是一種難以寬恕的罪惡。有一次，他與一個請求他幫忙的青年約好，某天早晨的十點鐘在自己的辦公室裡見那位青年，陪那位青年去會見一位火車站站長，接洽鐵路上的一個職位。但到了這一天，那個青年去見範德比爾特時，比約定的時間竟遲了二十分鐘。所以，當那位青年到範德比爾特先生的辦公室時，範德比爾特先生已經離開了辦公室，去出席一個會議了，因此便沒有見到。過了幾天，那個青年再去求見範德比爾特先生，範德比爾特先生問他那天為什麼失約，誰知那個青年人回答道：「呀，範德比爾特先生，那天我是在十點二十分來的！」「但是約定的時間是十點鐘啊！」範德比爾特先生提醒地。那個青年仍然支吾著說：「但遲到一、二十分鐘，應該沒有太大關係吧？」範德比爾特先生很嚴肅地對

他說：「誰說沒關係？你要知道，能否準時赴約是件極緊要的事情。就這件事來說，由於你不能準時，就失掉了你所嚮往的職位；因為就在那一天，鐵路部門已接洽了另一個人。而且，我還要告訴你，你沒有權利看輕我二十分鐘的時間，以為我白等你二十分鐘是不要緊的。老實告訴你，在那二十分鐘的時間中，我正要應付另外兩個重要的約會呢！」

已故的摩根先生曾告訴一位朋友，他把每一個鐘頭都看成 1,000 美元。許多年輕人雖都承認摩根的話，卻仍虛度他們寶貴的光陰。他們沒有想到，也許自己的時間也可以和摩根的時間一樣值錢。

勞倫斯說：「成功做事的祕訣，首要一點就是要養成良好的習慣，可是一般人的習慣往往是一再拖延。」

# 時間無價，充分利用

讓我們打個比喻。銀行每天早晨向你的帳號撥款 8.64 萬元。你在這一天內可以隨心所欲，想用多少就用多少，用途也沒有任何規定。條件只有一個：用剩的錢不能留到第二天再用，也不能拿走剩餘的部分。前一天的錢你用光也好，分文不花也好，第二天你又有 8.64 萬元了。

如果你處於這種境況，你會怎麼辦呢？像大多數人一樣，你會很快想出辦法把每天的錢花光。開頭，你會購買你最需要的東西。但如果你是精明人，你會很快想出辦法把每天的錢用於投資。從長遠來看這投資會使你得到最多的回報。

不論你知道也好，不知道也好，其實你每天都面臨上述的境況。那家「銀行」就是時間。你每天得到 8.64 萬秒鐘，隨便你怎麼利用。這些時間你如不利用，最後也不會回來。

成功人士之所以能取得成功，很重要的一點就在於他們意識到了時間的寶貴。有人問發明家湯瑪斯・愛迪生（Thomas Edison），世界上最重要的東西是什麼。他的回答是「時間」。發明家、作家兼政治家班傑明・富蘭克林（Benjamin Franklin）

關於時間的描寫就更進一步證明了這一點，他說：「你熱愛生命嗎？那麼，別浪費時間，因為生命就是由時間構成的。」

他還說：「記住，時間就是金錢。假如說，一個每天能賺 10 個先令的人，玩了半天，或躺在沙發上消磨了半天，他以為他在娛樂上僅僅花了 6 個便士而已。不對！他還失掉了他本可以賺得的 5 個先令。……記住，金錢就其本性來說，絕不是不能生殖的。錢能生錢，而且它的子孫還會有更多的子孫。……誰殺死一頭生豬仔的豬，那就是消滅了牠的一切後裔，以至牠的子孫萬代，如果誰毀掉了 5 先令的錢，那就是毀掉了它所能產生的一切，也就是說，毀掉了一座英鎊之山。」

班傑明·富蘭克林的這段名言，通俗而又直接地闡釋了這樣一個道理：如果想成功，必須重視時間的價值。

其實，時間比金錢更寶貴。你失去的時間如果用金錢計算確是意味著失去的時間就是金錢，然而換一個角度來看，失去的金錢可以透過別人的幫助補償回來，而時間失去後，誰也幫不了你。失去多少時間就失去多少你的生命，這是自然界鐵的規律，你隨便用多少金錢都買不回它。

拿破崙·希爾指出，利用好時間是非常重要的，一天的時間如果不好好規劃一下，就會白白浪費掉，就會消失得無影無蹤，我們就會一無所成。經驗表明，成功與失敗的界線在於怎樣分配時間，怎樣安排時間。人們往往認為，這裡幾

分鐘，那兒幾小時沒什麼用，但它們的作用很大。時間上的這種差別非常微妙，要過幾十年才看得出來。但有時這種差別又很明顯，貝爾就是個例子。貝爾在研製電話機時，另一個叫格雷的也在進行這項試驗。兩個人幾乎同時獲得了突破，但是貝爾到達專利局比格雷早了兩個小時，當然，這兩人是不知道對方的，但貝爾就因這 120 分鐘而取得了成功。

　　你最寶貴的財產是你手中的時間，好好地安排時間，不要浪費時間，請記住浪費時間就等於浪費生命。

　　時間的特點是，既不能逆轉，也不能貯存，是一種不能再生的、特殊的資源，因此，革命導師馬克思（Marx）認為：「一切節約歸根到底都是時間的節約。」

　　時間對任何人、任何事都是毫不留情的，是專制的。時間既可以毫無顧忌地被浪費，也可以被有效地利用。有效地利用時間，便是一個效率問題。也可以說，效率就是單位時間的利用價值。人的生命是有限時間的累積。以人的一生來計算，假如以 80 高齡來算，大約是 70 萬個小時，其中能有比較充沛的精力進行工作的時間只有 40 年，大約 15,000 個工作日，35 萬個小時，除去睡眠休息，大概還剩 2 萬個小時，生命的有效價值就靠在這些有限的時間裡發揮作用。提高這段時間裡的工作效率就等於延長壽命。顯然，「效率就是生命」也是無可非議的。這一點也生動地說明了時間比金錢更寶貴。

# 善用時間就是珍惜生命

要精明地利用時間，最重要的措施之一是做事情時要大大減少你浪費掉的時間。這樣做就好像是在同等的時間內延長了自己的生命。而要使你有限的生命期得到延長，需注意以下幾點問題：

## （1）堅決不做毫無價值的事

做無價值的事是在作無用功，這是對時間的極大的一種浪費。我們身邊有許多人整天都在忙忙碌碌，整天都沒有閒暇時間。表面看起來，好像他們在充分地利用著時間。可是，到頭來我們並沒有看到他們有什麼成就。其實，這些忙忙碌碌的事情中，有一大半是可做可不做的沒有價值的事情，做這些事純粹是白白地消耗寶貴的時間，生命也就在這之間一分一秒地悄悄地流失了。

## （2）對有價值的事情不要輕言放棄

1922 年的冬天，卡特幾乎放棄了可能找到年輕法老王墳墓的希望，他的贊助者將取消贊助。卡特在自傳中寫道：

這將是我們待在山谷中的最後一年，我們已經挖掘了整

整六年了，春去秋來毫無所獲。我們一鼓作氣工作了好幾個月都沒有發現什麼，只有挖掘者才能體會到這種徹底的絕望感，我們幾乎已經認定自己被打敗了，正準備離開山谷到別的地方去碰碰運氣。如果這是我們最後垂死的一次努力，我們將永遠也不會發現我們夢想所及的寶藏。

霍華德‧卡特（Howard Carter）最後垂死的努力成了全世界的頭號新聞，他發現了近代唯一一個完整出土的法老王墳墓。

最浪費時間的一件事就是太早放棄，人們經常在做了90%的工作以後，放棄了最後可讓他們成功的 10%。這樣不但輸掉了開始的投入，更喪失了經由最後努力而發現寶藏的喜悅。

## （3）適時知難而退

在做一件沒有把握的事情時，如果一開始沒有成功，再試一次，仍不能成功，就該放棄，愚蠢的堅持毫無益處。

下面幾個基本的問題可以幫助你決定何時應堅持、何時應放棄、何時繼續嘗試、以及何時知難而退：

1. 你可以取得更多的資訊嗎？
2. 是否有無法克服的障礙？
3. 可能回收多少？

4. 完成計畫或維持關係需要花多少錢？

5. 你的本錢有多少？

6. 有沒有固定的模式？

7. 有沒有暗盤，或被動了手腳？

## （4）適時見好就收

　　人在做事時通常都有一個通病，那就是對這件事的期望太高，其實，有時候辦夠就行了，從某種意義上說，「最好」是「好」的敵人。有時候你可能浪費太多時間和力氣去夢想完美，結果卻沒有時間去做好任何事情。

　　女演員佩吉‧阿什克羅福特（Peggy Ashcroft）一次告訴導演諾裡斯‧霍頓，她從自己本身的經驗以及和一些好友如告爾古德與奧利維爾合作後發現「有些偉大的角色……沒有人有辦法從頭到尾全力演出，一個演員只能期望他常常有能力達到巔峰狀態。」鮑比‧瓊斯（Bobby Jones）也有相同的結論。他是唯一一個贏得高爾夫大滿貫的高爾夫球員，包括美國公開賽、業餘賽及英國公開賽和業餘賽。他說：「我一直到學會調遣自己的信心後才真正開始贏球。也就是對每一樣都有合理的期望，力求表現良好、穩定而不是瞎希望有一次漂亮的揮桿的成就。」

　　鮑比‧瓊斯的醒悟來得不易，他必須與想要強迫自己超越自身能力的慾望苦戰。他在高爾夫球員生活的早期總是力

求揮桿完美,當他做不到時,他就會打斷球桿,破口大罵,甚至會離開球場。這種脾氣使得很多球員不願意和他一起打球。後來他漸漸了解,一旦打壞了一桿,這一桿就算完了,但是你必須盡力去打好下一桿。

## (5)分析決策

猶豫不決相當浪費時間。因為有些人一旦面臨抉擇就拿不定主意。良好的決策過程有其基本結構,優秀的決策取決於其決策條理。有些人將這些流程定義為一種格式,但是使用時就需要適當地把握,以便使決策不至於有偏頗之處。

## (6)杜絕懶惰

善用時間就是善用自己的生命。許多人很難使自己的每一天都朝著正確方向前進。有些人的問題是積極性不高,有些人的問題是對自己要求不嚴,另外一些人的問題僅僅是一種積習。這種積習使他們滯留原地而不是向前前進。還有一些人對自己應做什麼,什麼時候做不甚了解。

如果你有懶惰的問題,下面幾個建議可以助你成功:

1. 使用行事曆;
2. 在家居以外的地方工作;
3. 及早開始。

（7）利用偶發延誤的時間

你有多少次發現自己在意外的延誤中無事可做？在這種情況下，你別無他法，只有等待，這是最令人心煩，最浪費時間的情況。

要避免這種情況就應事先做好準備，這樣你能把本來會失去的時間轉化為有用的時間，正如亨利‧福特（Henry Ford）說的：「大多數人是在別人浪費時間時取得成就的。」

（8）做事不能拖拉

有個朋友問一位做事拖拉的人一天的工作是怎麼做完的。這個人說：「那很簡單，我把它當作昨天的工作。」

拖沓豈止是昨天的工作今天來做？《韋伯字典》給「拖沓」下的定義是：「把（不愉快或成為負擔的）事情推遲到將來做；特別是習慣性這樣做。」

如果你是個辦事拖拉的人，你一定在浪費了大量的寶貴時間。這種人花許多時間思考要做的事，擔心這個擔心那個，找藉口推遲行動，又為沒有完成任務而悔恨。在這段時間裡，其實他們本來能完成任務而且應轉入下一個工作了。

所以說，在做任何事情時，學會了善於利用時間，就等於學會了珍惜自己的生命。

# 挖掘時間，延長生命

善用等候的時間就像是去看醫生時帶一本書，如此一來，你就不必看他們的雜誌或其他無益的東西。

不管在什麼地方，每次拿破崙·希爾必須排隊等候時，他總會盡量帶些東西去看。他非常小心善用空檔時間，即使在開車時也帶著技術報告和商業雜誌，以便可在等紅燈或塞車時看幾行字。一位叫安妮·索恩的總裁助理也是如此，她在車裡放了一把拆信刀，每次開車時都帶著一疊信件，利用等紅燈時看信。安妮說，反正百分之十五都是垃圾信件，而且在她到達辦公室前，信件已經篩選完畢，所以一到辦公室她就把垃圾信件全都丟掉。

琳達·邁爾斯自己開了一家顧客公司，一年接下約 130 個案子，她每年旅行各地，有很多時間是在飛機上度過的。邁爾斯相信和客戶維持良好關係是很重要的，所以她常利用飛機上的時間寫短籤給他們。她說：「我已經無法自拔了，這樣做有何不可呢？」一次，一位同機的旅客在等候提領行李時和她攀談，他說：「我在飛機上注意到你，在 2 小時 48

127

分鐘裡,你一直在寫短籤,我敢說你的老闆一定以你為榮。」
邁爾斯回答:「我就是老闆。」

不管你多麼有效率,總是有人會讓你等待:你可能錯過
公車、地鐵、飛機,碰上出其不意的中途休息;你也許已經
盡可能地小心計劃每一件事,但是你可能意外地被困在機
場,平白多了 3 個小時可利用。而所有成功人士在這種情況
下所做的事是:「我帶本書;我寫東西;我修改報告;我檢
查我的語音郵件、打電話、我用錄音機口述信件。」

時間不能再生,但卻可以透過合理的利用來加以延長,
即縮短無效時間和補充有效時間。只要你有這種意識,那麼
時間將會在你的掌握之中。

# 絕不拖延，馬上行動

　　依據效率研究專家的說法，在相同的時間內，用相同的勞力做盡可能多的事情的最佳方法就是即時處理。

　　所謂即時處理，簡單地說，就是凡決定自己要做的事，不管它是什麼事，就立刻動手去做，「立刻」這一點至關重要。

　　立刻動手，這不僅省去了記憶、記載，或從頭再來的功夫，而且可以解除把一件事總記掛在心上的思想包袱。

　　經營者如果對一切事務性的工作都採用「一次性處理」，那麼就省去了對一件事再花第二次、第三次的功夫。如果有信件需答覆，應看完原信後立即動手寫回信。如果拖延幾天再寫，就得再一次讀原信，當然就多費了一些功夫。如果有事非得作決定，便立刻做出決定。腦海中一旦閃現出對工作有用的想法和主意時，也馬上動手記下來。無論什麼事，「再來一次吧」都會造成時間浪費。誠然，有些事情是需要深思熟慮的，是需要花時間考慮的。但對於不太重要的事或急事，立刻動手則是上策。

　　然而，在我們的經營者中，有一些人卻有一個很不好的

第三章
財富的積聚

工作拖拉作風，本來可以隨手處理的事，卻拖得幾天幾週辦不了，幾天內可以辦的事，卻幾個月不見蹤影。還有的人對需要解決的問題還有意識地「踢皮球」，你踢向我，我踢向你，這樣導致工作效率極低。殊不知，被拖延的事務，將來仍然需要做，而且需要花費更多的精力去做。

有句格言叫做「今日事，今日畢」。經營者要贏得時間，必須養成隨手處理可以處理的事務的作風，不能依賴著明日。古詩云：「明日復明日，明日何其多；我生待明日，萬事成蹉跎。」把握今朝，才是我們經營者獲得成功的必備的工作作風。

# 有效地利用零碎時間

　　所謂零碎時間，是指不構成連續的時間或一個事務與另一事物銜接時的空餘時間。這樣的時間往往被人們毫不在乎地忽略過去。零碎時間雖短，但倘若一日、一月、一年地不斷累積起來，其總和將是相當可觀的。凡是在事業上有所成就的人，幾乎都是能有效地利用零碎時間的人。

　　偉大的生物學家達爾文曾說：「我從來不認為半小時是微不足道的一段時間。」諾貝爾獎金得主雷曼的體會更加具體，他說：「每天不浪費或不虛度或不空拋剩餘的那一點時間。即使只有五六分鐘，如果利用起來，也一樣可以有很大的成就。」把時間積零為整，精心使用，這正是古今中外很多科學家取得輝煌成就的奧妙之一。

　　面臨時間危機的經營者，如果會利用「零星時間」，學會抓住半小時，那麼是否就可以在一定程度上緩和時間危機呢？答案是肯定的，因此，每個經營者都需要學會有效利用零碎時間的技巧。

　　利用零碎時間的技巧主要有以下四種：

## （1）嵌入式技巧

利用嵌入式技巧就是在空餘的零碎時間裡加進充實的內容。人們由一種活動轉為另一種活動時，中間會留下一小段空白地帶，如出差時乘車、等車時間；會議前的片刻，找人談話等候時間等。對這些時間可以充分利用，根據時間的長短做一些有意義的工作。1849年恩格斯從義大利的熱那亞坐船去英國，一路上，船上的旅客大多數在無聊地飲酒作樂，消磨時光。恩格斯卻一直待在甲板上，不時地往本子上記錄太陽的位置、風向及海潮漲落的情況。他利用乘船時機對航海學有了一定的研究。

## （2）並列式技巧

利用並列式技巧就是在某項鬆散活動進行期間，同時開展又一項活動。例如做飯、散步、逛商店，都可以適當地一心兩用。艾蜜莉‧勃朗特（Emily Brontë）是英國一位勤奮的女作家。年輕的時候，她的家務勞動很繁重，洗衣服、烤麵包、做飯，都要她自己動手。她在廚房裡忙碌時，每次都隨身帶著鉛筆和紙，一邊做事一邊構思，只要一有空，就立即把腦子裡湧現的想法記下來。最終，她寫出了世界流傳的文學鉅著《咆哮山莊》。

## （3）壓縮式技巧

壓縮式技巧是指把零星時間壓縮到最低限度，使一項活動盡快轉為另一項活動，這樣可以節省很長的過渡時間。俄國大音樂家柴可夫斯基（Tchaikovsky），每天一定要工作到吃飯時間才擱筆，絕不增加等候的零星時間。

## （4）化零為整式技巧

化零為整式技巧就是把零碎時間集中為一個整體。美國管理學家杜拉克在他的《有效的管理》一書中提出：善於集中零碎時間為一個整數是領導者贏得時間的一個訣竅。

# 借名釣利，謀財有道

　　美國著名的心理學家卡爾‧霍夫蘭和華特‧韋斯，對權威人物的影響力曾進行過心理實驗。1951 年，世界上還沒有製造出核潛艇，當時絕大多數美國人都認為核潛艇不可能問世。霍夫蘭和韋斯在實驗中，首先向被測試的 A、B 兩組展示同一種觀點：可以建造核潛艇。然後他們告訴被測試的 A 組：這一觀點是美國著名原子能專家奧本海默（Oppen-heimer）提出的；而對被測試的 B 組則說：這種觀點是蘇聯《真理報》提出的。測試的結果是：A 組大多數人改變了原先「認為核潛艇不可能問世」的觀點，認為製造核潛艇是可行的；而 B 組則很少有人改變原觀點。A 組改變觀點的人數是 B 組的 4 倍。

　　研究者認為：當代社會科學技術迅速發展，科學知識的領域已十分廣闊，依靠個人的智力已不可能獨立地通曉一切知識領域。而人們的求知慾又十分強烈，這就必然形成對各領域專家、權威的崇拜心理。這些權威人物的發言自然比一般人有力得多，更容易使人們信服。B 組之所以很少有人改變原觀點，這主要是由於蘇聯《真理報》在美國沒有權威的緣故。

　　從這個心理實驗可以看出，名人效應有著深厚的社會基礎。藉助名人效應，在商業領域中往往可以釣到鉅額利潤。例如製造力士牌香皂的廠商高價聘請國際著名影星娜塔莎·金絲姬做廣告，金絲姬對廣大電視觀眾說：「我只用力士牌」。某家製藥廠研製了新藥，為了開啟銷路，請著名表演藝術家為其做廣告。大大地提高了這些產品的知名度。

　　除了藉助名人之外，商界最常見的是借用有名企業的名號，借用名牌商標。一個名牌商標是企業長期辛辛苦苦蓄積起來的信用，是穩固的事業基礎，它已牢牢地植根於廣大消費者的心中，因而所顯示的威力是初創企業無法相比的。據美國《工商時報》報導：還未在工商業界立足的人們，白手起家，自己貿然獨立開業時，失敗率高達開業總數的60％，然而借用「有名企業」的名字來開創事業時，失敗率則只有4％。因此，在美國有經營頭腦的人們普遍流行租用商號使用權的做法。

　　這種做法就是有名的公司或商號，把自己有信譽的名號出租給願意加入策略聯盟的公司或商號，使他們成為自己連鎖系統的商店或子公司，並運用自己的成功經驗或經營方法對其進行指導。出租名號，形成策略聯盟，既增強了企業的實力，又讓那些白手起家的企業創辦者得到迅速發展。

　　例如某時裝店在繁華的路段開一間店面，門前掛著的是

大家不熟悉的招牌,這樣無論怎樣宣傳,並不能吸引大量的顧客來光顧。如果租用某知名時裝店的名號並加入策略聯盟,當招牌一掛出,顧客就會說:哦,某時裝店又在這裡開設了一家分店!店門一開,不需要什麼廣告,顧客就會蜂擁而至。

名能生利,借名釣利,是成熟商人巧妙施用的謀略,其中,借用典故、故事、傳說來為商品揚名的事例舉不勝舉。如「孔府家酒」、「黃鶴樓」等酒類商標,莫不是「借名釣利」謀略的運用。留園飯莊,這家在日本東京最馳名的中華飯店,更是把借名釣利的謀略發揮得淋漓盡致。當點心「栗子麵窩窩頭」端上席面時,主人向客人們介紹說:這是慈禧太后愛吃的窩窩頭。食客們聽到介紹後,無不以爭先享用滿清皇家美食為幸事。

# 名人效應，借勢生財

創名牌企業，創名牌產品，是企業經營者的夙願。打出一張「名牌」，即可雄踞一類市場，興盛一個企業，繁榮一方經濟，恰如「一石激起千層浪」，乃發展壯大企業事半功倍的重要舉措。

名牌企業、名牌產品之所以能叱吒市場，固然在於它的高品質、上等次、高品味，但亦需行之有效的高等級企劃謀略，而其謀略之一，便是藉助和發揮「名人效應」。

利用「名人效應」，重金聘請「名人」做廣告，創造名牌產品，樹立企業形象，提高企業與品牌知名度，已成為包括廣告策劃、公關策劃、行銷策劃在內的企業策劃的重要手段、重要形式以及有效方法，已是商家通曉的一種經商「定理」。由於「名人效應」的確可以迅速和極大地提高企業形象、品牌形象和知名度，因此，不惜重金聘請「名人」做廣告，借「名人」之名宣揚企業、宣揚產品，成了當今最時髦的企劃方略，在商戰中也可謂道高一尺的妙招。

然而，這裡論述的企劃思想、企劃方略，不是花費重金「聘請名人」做廣告，如果這樣做，那與通常的企劃方略毫

無二致，在此，我們針對「懶人」而設計的是不花錢或少花錢「利用名人」做廣告。

從投入與效果相統一的原則來說，不花錢或少花錢「利用名人」做廣告比起花費重金「聘請名人」做廣告，要經濟划算得多。可見，「利用名人」做廣告比起「聘請名人」做廣告而言，才是真正意義上的企業軟科學策劃，才是大手筆、高水準的企業策劃，才是魔高一丈的奇招、高招，也才是「懶人」致富發財所應研究、追求的最佳企劃策略。

「利用名人」營造「名人效應」的關鍵，在於「利用」兩個字，就是在不花錢或少花錢的前提下，讓「名人」在知道不知道、自覺不自覺、情願不情願、有意無意中為你的企業揚名，替你的產品樹名。

策劃「利用名人」營造「名人效應」樹形象、創名牌，沒有什麼特殊的技巧，也並不神祕，同所有企劃一樣，完全是知識、智慧、創造力與情感在謀略上的集中展現。下面提出幾種「利用名人」營造「名人效應」的思路，讀者可結合自己的實際，創造出更加傑出的企劃策略。

## （1）請名人加盟你的企業

企業希望依託名人宣傳企業和產品，名人也常常希望藉助企業的實力來發展自己的事業或實現某種心願，企業與名人的互相依存，相互需要，為企業營造「名人效應」創造

了條件。企業策劃可以抓住這種機遇，拉名人「入夥」；還可以借名人的故鄉情誼，邀名人「加盟」，一旦拉進或請來了名人，無異於請來了一尊「財神」，新聞、廣告效應自不待說。

## （2）讓名人評價你的產品

讓名人的「金口玉言」，對你的企業或產品給予評價，這種評價無論是正面的或負面的都有很高的「含金量」，只要你能夠巧妙利用，它就是最有說服力，最能征服消費者的「廣告詞」。

若干年前，美國一出版商有一批滯銷書久久不能脫手。出版商經謀劃後給總統送去了一本，忙於政務的總統不願與他多糾纏，便說了一句「這本書不錯」而打發了他。出版商藉機大做廣告：「總統說：『這本書不錯！』請看總統喜愛的書！」於是這批滯銷書被一搶而空。不久，這個出版商又有書賣不出去，就又送了一本給總統，總統上過一次當，就說「這本書糟透了」。出版商又大做廣告：「總統說：『這本書糟透了！』請看總統討厭的書！」人們出於好奇，又將書搶購一空。第三次，出版商將書送給總統，總統接受了前兩次教訓，便讓將書放下，但不作任何答覆，出版商謀劃後如法炮製，又大做廣告：「這本書令總統難以下結論，請你讀後評價！」如此一番施為，居然又被好奇者一搶而空。總統

哭笑不得，商人大發其財。

　　美國人喜愛喝咖啡，羅斯福總統也不例外。一次，羅斯福總統和同僚喝咖啡聊天時讚美咖啡說：「滴滴香濃，意猶未盡。」廣告策劃大師大衛‧奧格威（David Ogilvy）聞聽後，巧妙地將這句話用作他為麥氏咖啡設計的廣告中，作為主題廣告詞，使麥氏公司收益甚大。

# 借名揚名，抬高自己

「借名揚名」是一種精明的商戰策略，具有投入少，見效快、收益大的效果，甚至有起死回生之奇效。

其實，作為一種商戰競爭戰術，借名揚名，就是借名抬高自己，發展自己的謀財奇招。這在現代商戰中屢用屢有效，如果你也能精於此道，事業不愁不能更上層樓。

一般來說，借名揚名術，有以下三種基本方式：

## （1）與名牌、名店、名廠、名人聯姻、聯營，借名牌之勢抬高自己，並乘機借勢發展自己

在中外合資企業中，採用同國外名企、名牌聯姻，發展自己的策略應用得更為普遍，且大多都相當成功。

## （2）利用名牌、名人、名廠、名店之名，抬高自己、發展自己

利用名山、名勝以及歷史名人之名，古為今用，借名揚名的技巧，亦是企業策劃中常用的方法，其中也不乏成功者。如，借「楊貴妃」之名而來的「貴妃酒」，借「曹操」之名而來的「杜康酒」，借「關羽」之名而來的「關帝酒」等。

（3）巧借名牌、名人、名店、名廠之勢，「坐享其成」，借梯上樓

　　這種技巧的關鍵在「巧」。值得指出的是，「借名揚名」之術，在策劃中或實際運用中要注意掌握好三點，否則很容易弄巧成拙。

　　第一，遵守有關智慧財產權、商標及廣告法規，防止侵犯名牌的合法權益。

　　第二，注意策劃技巧和消費者的心理承受度。比如，有那麼一則借他牌抬高自己的廣告──「⊠⊠酒，XO 的享受」，這句廣告語的策劃技巧如何暫且不論，但它忽視了人們自尊心的承受度，讓廣大廣告閱聽人聽後很不舒服。以至有人不願忍受而撰文批評，並高呼：「人應該多一些自信，不需其他事物陪襯。」

　　第三，注重創新。「借名揚名」之術，看似乎淡無奇而又簡單，其實並不簡單。世上的事情就是這樣，越是看似簡單平淡的事情，越是大有文章可作。借跟借大不一樣，俗手的借，只是拿來用之；高手的借，借中求變，借中求新。這借中創新，才是「懶人」靠借致富的靈魂所在。

　　總之，借的學問深著呢，就看「懶人」怎麼鑽研；借的文章大著呢，就看「懶人」怎樣去做。只有大手筆，方能做出高水準的大文章，做出精彩的好文章。

## 訣竅應用提示

1. 借名要巧借，要使所借之「名」對自己的事業確實有所幫助並取得回報。
2. 市場經濟是法制社會，借名要合乎法律規定，不要因借名不當而招惹麻煩。

第三章
財富的積聚

# 把握商機，謀財獲利

　　猶太人曾說過：人的一生中，有三種東西不能使用過多，做麵包的酵母、鹽、猶豫。酵母放多了麵包會酸，鹽放多菜會苦，猶豫過多則會喪失賺錢和揚名的機會。商人做生意，關鍵是賺錢，不過，當機會來臨時，你切不可埋頭只顧計算能賺多少錢，這樣做很容易導致錯過賺大錢的商機。

　　克洛克（Kroc）是個很出色的業務員。他幾乎跑遍了美國所有的城市。對他來說，推銷是一件駕輕車、走熟路的事情。跟公司裡其他職員比，克洛克的收入是最高的。別人都很羨慕他的推銷天才，甚至很多推銷人員都以他為榜樣。

　　可是，突然有一天，克洛克宣布放棄業務員工作，準備進軍速食業。同事們均不理解：好好的工作，為何要放棄？

　　克洛克微微一笑，他並沒有過多解釋，便告別了原來的公司。

　　其實，克洛克自己已經有了主意。因為他得到一個消息：以速食為主業的麥當勞兄弟想物色一個合作的人選，以幫助他們解決因餐廳發展而帶來的麻煩。

　　第二天克洛克拜訪麥氏兄弟。經過商議，他取得了發展

全國連鎖業務的權利。急於投入的克洛克，接受了一份苛刻的的合約。合約規定：連鎖權利費用為 950 美元、克洛克只能抽取連鎖店營業額中 1.9% 的費用來作服務費，而 0.5% 是給麥當勞兄弟的權利金。

隨著克洛克在速食業中的發展，麥當勞兄弟的阻礙作用越來越明顯。由於麥氏兄弟目光短淺，克洛克的連鎖原則得不到徹底的發展。貪婪的麥氏兄弟拿走克洛克僅 1.9% 的服務費中的 0.5% 作為權利金，使得麥當勞的發展嚴重缺少資金，無法壯大。

麥當勞兄弟的做法使克洛克無法容忍，他決定向他們攤牌。一天，他直截了當地對頂頭上司說：「你們再這樣做，速食店最終會關門的。」

麥當勞兄弟望著克洛克，笑道：「現在不是很好嗎？」

克洛克大聲叫道：「那是因為有我的緣故！」

麥當勞兄弟不可否認地點點頭，然後又笑道：「如果你嫌我們礙手礙腳，那你買去好了。」

克洛克也正有此意，便道：「好，你們開個價吧。」

麥當勞兄弟不信地瞪著他，繼而又笑了，說：「你買不起。」

「開價吧！多少？」克洛克被貪婪的麥氏兄弟惹火了。

「270 萬。」麥當勞兄弟說。「而且是美金。」

克洛克呆住了。

270 萬美元？

這是一個天價？因為沒有他，速食店也許已經倒閉了。真是太貪婪了！

「你可以不買，但是機會只有一次，三天以後，所有報紙上會出現麥當勞連鎖權出讓的消息，到時候自會有大批人前來購買。」

看來，這一次麥氏兄弟是真的要賣掉連鎖權了。怎麼辦？本來，克洛克想迫使麥氏兄弟放手，而他則花有限的代價。如今，他們不僅要價 270 萬美元，而且準備登報……

克洛克又一次面臨抉擇：是買下來？還是離開？

如此高價令克洛克頭暈目眩，但是他不得不接受這個數字。經過一天一夜的思考，他最終把握住了一生中最重要的一次機會 —— 購買麥當勞。

5 年後，克洛克還清了貸款，而麥氏兄弟被徹底趕出了速食業。

克洛克不僅善於把握機會，而且善於製造機會。在他的策劃下，麥當勞永遠是社會關注的熱點，他為自己贏得無比的聲譽的同時，更贏得了滾滾財富。

在商戰中，聰明的懶人要學會運用各種巧妙的手法，借用別人的名聲張揚自己的聲威，以壓倒競爭對手，迅速抓住商機奪取潛在市場。

# 借得東風好發財

借用別人力量，借用外界聲勢來達到自己獲取的利益的目的，是巧借東風發大財的關鍵點。

某一家紡織機械廠的彈力紡織機是市場搶手貨，但因價格高昂而銷售不佳。與此同時，地方企業又十分需要用它來生產，但由於資金不足，無法購買。

一個品質優而價高，一個手中無資金，生意無法做了。怎麼辦？地方企業便採用了「借東風」的辦法：廠商把紡織機借給企業，然後分期還款，這樣，分文未付，地方企業便擁有了自己的機器。而作為廠商，產品壓在倉庫裡不如借出去，借別人的手來賺錢，進自己的腰包。於是兩全其美，各發其財。

第三章
財富的積聚

# 媒體造勢，勢成財聚

　　媒體之於發財，猶如連體兄弟一般不可分割。對於任何創富者來說，深諳傳播媒體之道，是發財不可或缺的因素。尤其在今天，不善於使用媒體，要想在瞬息萬變的商場中經營成功，簡直比登天還難。

　　善用媒體造勢的例子很多，其中有兩種相當絕妙，一是透過傳播媒體，將無價之物變成有價；二是無中生有。

　　沒有本錢的人要想發大財，最需要創造性的奇思異想。只有異乎尋常的思想與舉措，才會石破天驚，產生出無窮無盡的財富來。世界上這類人並不少見，因為有了奇思異想，便有了許多獨特的財路。比如在美國，就有做買賣天上星星的生意的。這種無本生意，居然還大賺其錢。

　　美國史密森尼天文物理研究所，在其出版的星象目錄中，刊出 25 萬顆星星，但都是用數位符號代替的，沒有正式命名。他們以這個作為資本，成立了一家「星象命名公司」，專門經營出售星星生意。

　　他們是怎樣操作的呢？重要的一條，就是充分利用傳播媒體，藉助媒體開道，來開啟銷路。第一步，他們首先打出

巨幅廣告：專售星星，全球無二。

廣告牌上的甜言蜜語相當誘惑人，比如：

── 你想你的名字永垂宇宙嗎？請買星星！

── 你想你愛人的芳名閃爍在星空嗎？請購買一顆星星！

── 你想你的親朋好友的英名永駐人間嗎？請你從速購買一顆星星！

售價絕對便宜，每顆僅售 25 美元！

花費 25 美元就能使自己的尊姓大名與永恆的星辰連繫在一起，供世人傳誦，與天地同壽，這種擋不住的誘惑何樂而不為？

因此，這種星象命名生意一經打出，就立即被蜂擁搶購，一年時間不到，25 萬顆星星便名花有主了。25 萬乘以 25 美元，多麼可觀的一筆財富。只因善用媒體，不費一文字錢就到手了。

出售星星在美國能大賺其錢，誰敢保證它在其他國家就不會賺錢呢？希望名垂千古，是許多人的夢想，這應該是沒有國界的。

美國人出售星星的創意，實在值得沒本錢的創業者好好借鑑。

美國人為什麼會有這種異想天開，靠天賺大錢的本事

呢？考究起來，有如下幾點：

1. 他們具有相當敏銳的市場嗅覺，能夠抓住消費者求名留世的心理。星象命名公司之所以獲得成功，就因為他們能抓住顧客們的市場消費心理，能夠巧妙地藉助媒介，把原本一錢不值的東西變成了商品，並巧妙地推銷出去。

2. 超常思維，獨創特色。能夠策劃出出售星星這樣的新創意，非有超越常規的思維方式不可。星象命名公司之所以能成功地策劃了這宗無本生意，就在於他們具有不受常規習俗約束的思維方式，能夠別出心裁，獨闢蹊徑，出賣天象，靠天發財。

對於沒有本錢的人來說，要想發大財，創造是相當重要、必不可少的。只有透過創造性思維，透過標新立異的創意、設想、構思，透過無形態、無定勢、無形式的富於靈活變通的「液態」思維方式，才有可能作出富有創造性的舉措來。也只有這種液態式的思維策略，才能實現從地上撿起一根草繩就能牽出一頭水牛來的效果。

天上的星星都可以賣，那麼，還有什麼不可以賣的呢？

如果你抱定了這種思維方式，那麼，即使你目前身無一文，同樣可能有朝一日便躍入鉅富行列之中去，與他們比肩而立，甚至超越他們。

　　按照星星可賣的發財策略，人們可以在大千世界中創設出許多全新的行業來，並依賴它們，大賺特賺。

　　在日本大阪市有一位名叫本憲二的人創立了愛愛服務公司，專門從事尋人活動，他的業務範圍，全集中在一個「找」字上。比方替你尋找難忘的初戀情人；尋找中小學生時代的同窗好友；尋找戰火紛飛年代中的患難生死至交，等等。依靠這種富於詩意的羅曼蒂克的新創意，愛愛服務公司每月都有相當不俗的營業額；每月純利高達 600 多萬日元。這又是依靠創新思維成功賺大錢的著名例子。

　　記住，善借媒體造勢，意到財來！

　　無中生有是兵家常用的韜略，同樣也是商人常用的謀略。對於沒有本錢的人來說，更是應當常常使用，它是常用常新的策略。

　　使用無中生有的謀略，最重要的一點就是要善於借用傳播媒體。因為無中生有，要從無之中變為有，最巧妙的手段，就是無風起浪，挑起事端，以期達到從無到有的預期目的。

　　白手興家，無本發財，辦法多多，其中有一條，就是透過媒體來實現的，在貿易上，或者創業上，都可以考慮。

　　有位高明的商家談到自己發財的祕訣時，他說，要想無本生財，不妨玩玩智力經商。他舉了一個例子：先找買主後

找貨源。比如要經營可樂生意，你手中不必擁有它。因為它是著名產品，盡人皆知，犯不著你費口舌去做什麼解釋。你所要做的一切，是如何贏得買家。之後，再去聯繫廠商，請求發貨。銷售時是空對空，利用現成的媒介從中謀利。如此而已。

先勝後戰，說的是有了創意之後，便透過各種媒介，先把牌子炒響，其實這時並沒有什麼實在的產品，牌子響後，訂單飛來，便再按單投入生產，借別人的錢，用別人的廠，生產自己的產品。這就是善借媒體由虛到實，無中生有的奧妙所在。

### 訣竅應用提示

1. 借勢要善於造勢，這樣一借一造，效果才能更佳，聲勢才會更大。

2. 借勢要善於掌握火候，走在大勢之前，對於那些實力雄厚有領跑能力的人當然很好，但對一般人而言，還是在形勢發展到高潮時機會更好。

# 借貸起家，輕鬆致富

在現代社會，完全依靠自己的力量進行資本原始累積已經不太現實，任何鉅額財富的起源，大都是建立在借貸基礎上的。就是說，要發大財先借貸。借貸是行之有效的手段，西方生意場上有句名言：只有傻瓜才拿自己的錢去發財。因此，無本生財者應當充分意識這一點，並盡可能每天都考慮怎樣去借錢。當然，借錢就得付利息，但你不要害怕，你利用了別人的資本賺錢，你贏得的收入，可能遠遠超出你所付的利息。

亞洲餅乾大王拉江‧皮萊與其說是餅乾大王，倒不如說是借錢大王更為合適。他的公司，1991 年營業額達 7 億美元。但他卻負債累累。1992 年，皮萊公司的負債高達 1.15 億美元。

相比之下，你借的錢又算什麼呢？

不要害怕借錢。只要你氣魄非凡，滿懷信心，切入口選好，你就會大有賺頭。皮萊公司雖然借貸額高，但他卻不會被債務壓垮。他把借來的錢，集中投資在不會發生衰退的糧食業上。人們總得吃呀！這樣，皮萊就不會有竹籃打水的危險。

許多沒有本錢的人，都可以做借貸生意，只要你信譽不成問題，只要你用借來的錢去做有益的事情，總是會有人樂

意幫助你的。意識到這一點，你的借貸就不會有問題了。

記住，依靠借錢來賺錢是沒有本錢的人謀求發大財的最明智的做法。

從一位清貧的窮律師成為家財億萬的鉅富，阿克森就是靠借貸賺錢起家的。1960 年，28 歲的阿克森還在紐約自己的律師事務所工作。面對眾多的大富翁，阿克森不禁對自己清貧的處境感到辛酸。這種日子不能再過下去了。他決定要闖蕩一下。有什麼好辦法呢？左思右想，他終於想到了借貸上來。

一大早來到律師事務所，處理完幾件法律事務後，阿克森就關上大門到鄰街的一家銀行去。找到這家銀行的借貸部經理之後，阿克森聲稱要借一筆錢，修繕律師事務所。在美國，律師是惹不得的，他們人頭熟，關係廣，因為在以法治國的國度裡，律師有很高的地位。因此，當他走出銀行大門的時候，他的手中已握著 1 萬美元的現金支票。

走出這家銀行，阿克森又進入了另一家銀行，在那裡存進了剛剛才拿到手的 1 萬美元。完成這一切，前後總共不到 1 個小時。

之後，阿克森又走了兩家銀行，重複了剛才的手法。

這兩筆共 2 萬美元的借款利息，用他的存款利息相抵，大體上也差不了多少。只幾個月後，阿克森就把存款取了出來，還了債。

　　這樣一出一進，阿克森便在上述 4 家銀行建立了初步信譽。此後，阿克森便在更多的銀行玩弄這種短期借貸和提前還債的把戲。而且數額越來越大。不到一年光景，阿克森的銀行信用已十分可靠了。憑著他的一紙簽約，就能一次借出 10 萬美元了。

　　信譽就這樣出來了。有了可靠的信譽，還愁什麼呢？

　　不久，阿克森又借錢了。他用借來的錢買下了費城一家瀕臨倒閉的公司。1960 年代的美國，正是做生意的好時光。只要你用心經營，賺錢絲毫不成問題。8 年之後，阿克森成了大老闆，擁有資產 1.5 億美元。

　　沒有本錢的人，你不必發愁，為了發大財，你可以去借貸。借貸當然不會是人家主動送上家門的，還得你自己去想辦法進行巧妙借錢，只有這樣才能輕鬆致富。

　　借錢做生意就是負債經營，透過借錢生出自己的錢來。做生意需要本錢。向別人借錢，便要付利息，這是天經地義、理所當然的。只要你膽識過人，眼光獨到，應付得當，看準了市場行情，洞察市場變化規律，不斷地加速周轉，那麼，借來的錢所生出來的錢遠比你所付出的利息多得多。負債經營說得通俗些，就是借用別人的錢來賺得屬於自己那一份，然後歸還本錢和利息，利潤歸自己。

# 聯合員工，利潤共享

在企業內部，老闆與其僱員的關係好比拴在一根繩上的兩個螞蚱，同生共死，一榮俱榮，一損俱損。因此，老闆為擴大企業規模，向員工借錢，員工一般都會踴躍響應。此外，老闆還有屬害的殺手鐧，對員工允諾以較高的回報，在這種情況下，員工把錢借給企業所取得的回報比銀行存款的利息高得多，因此，員工也願意出借。老闆借用員工的錢有這樣的好處：一是不用受銀行借款所附加的約束，運用資金比較自由；二是不會削弱自己的決定權，老闆還是擁有絕對的統治企業的權力。

# 藉助親朋，籌錢起家

在儒家思想的薰陶下，華人普通都很注重親情，親戚朋友有什麼困難，他們都願意幫一把。這在華人圈是見慣的事，俗話說「打虎親兄弟，上陣父子兵」，正是這個道理。

一些企業在創業之初，常常以家庭為核心，以兄弟姐妹為幫手，以親朋為輻射狀圍圈，一則節約了資金投入，節省費用開支，二則提高辦事效率，維持日常經營的進行。

在海外，民間借錢是華人社會的傳統。需要向親戚、鄰居或朋友借錢時，就邀個「會」，以解決暫時的困難，或集中辦一件大事。不少華人老闆用借來的少量資金作本錢做小生意，或開一個小鋪，或者做小手藝，以後慢慢累積資金，形成自己的創業資本。

王永慶最初是以父親名義借了 200 元錢開了一個小米店，後來用米店的利潤開了一家磚廠，再用磚廠的累積作本金做木材生意，到 1950 年代初，他終於累積了 5,000 萬。他用這筆錢作擔保，向當局申請了 67 萬美元的貸款，創辦了台塑。

陳弼臣最初在幾位朋友的幫助下，借錢創辦了一家五金

木材行。後來，又用賺來的錢創辦了三家小公司，致力於木材、五金、藥品、罐頭食品及稻米的外銷業務。1944 年底，他又用自己經營累積的資金，與其他十個泰國商人一起集資 20 萬美元，創立了盤谷銀行。從而正式開始了銀行家的生涯。

訣竅應用提示

1. 借用外資是相當熱門的借術。但是，借外資你必須要有打動外國人掏腰包的專案，特別要使外國人對你建立起信心才行；

2. 向親朋好友借錢，這是一個較可靠的來路，但一定要穩妥，要對親朋好友負責，絕不能為了自己發財而傷了感情而最終失親朋好友的信任。

# 第四章

## 財富的奠定

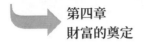
# 踏著貧窮追求財富

物質上的貧窮並不可怕，可怕的是精神上的貧窮。一個自尊自強的人總會活出自己的風采。

從前有一個國王看見一個躺在馬路上的乞丐，國王一時惻隱心起，問那乞丐：「你需要我的幫助嗎？」那衣衫襤褸的乞丐望了望國王，說：「需要，請站到一邊去，別擋住了我的陽光。」

這個乞丐便是後來的哲學家蘇格拉底。

一個自尊自強的人總會活出自己的風采。因為縱使身處逆境，貧困潦倒之時他還有勇氣對別人說：別擋住了我的陽光！

只要精神之樹不倒，每個人都可以是笑傲命運的富翁。

貧窮伴著人類的誕生而存在，同樣是貧窮，有的人卻因貧窮而喪失鬥志，有的人因貧窮而不屈抗爭。難怪有人斷言，物質上的貧窮並不可怕，可怕的是精神上的貧窮。

貧困常常使人想起這樣的情景：低矮的土房、斑駁的牆皮、露出棉絮的被褥、補了還漏的琺瑯盆，還有一雙雙混濁無助的雙眼，但這樣的一件事卻讓人改變了看法──

　　這一家窗明几淨，有冰箱，有洗衣機，有漂亮的窗簾和門簾，有立得很整齊的書籍……然而，這的確是生活在城市最低生活標準線下的貧困人家。

　　這家的男人早幾年病逝，欠下了很多錢。兩個孩子，一個有點肢體缺陷。女人一份低薪水養三口人，還要還債，經濟狀況可想而知。

　　但女主人的笑容就像她的屋子一樣明朗，她說，冰箱、洗衣機都是鄰居淘汰下來送給我們的，用用也蠻好的。孩子很懂事，寫完功課還幫我做家事……

　　這時發現，漂亮的門簾是女主人用紙做的，那些書全是孩子每個學期用過的教科書，廚房的調味料只有油和鹽兩種，但油瓶和鹽罐擦得發亮。最讓人驚奇且起敬的是進門時女主人遞過來的拖鞋，那鞋底竟是磨平了的舊塑膠鞋的底，齊齊地沿圈剪下，再用舊毛線織出有圖案的鞋幫，穿著好看又舒適。

　　這一家現在的確貧困，但有理由深信他們不會貧困太久的。

　　貧困只是一時生活物資的匱乏，導致終身匱乏的卻是精神的潦倒。走出心理陰影，儲存美好希望，生活正在點滴中改變。

　　有脊梁，即使貧困，也絕不潦倒。

## 第四章
## 財富的奠定

　　下面的例子，或許會給我們帶來另一種啟發：

　　有一次，比爾蓋茲和一位朋友開車去希爾頓酒店。到了飯店前，發現停了很多車，車位很緊張，而旁邊的貴賓車位卻空著不少。朋友建議把車停在那兒。

　　「噢，這要花 12 美元，可不是個好價錢。」蓋茲說。

　　「我來付。」朋友堅持道。

　　「那可不是個好主意，他們超值收費。」

　　在蓋茲的堅持下，他們最終還是找了個普通車位。

　　蓋茲最討厭物不等值，對應花的錢，他從不小氣，看看他這些年為慈善機構捐款的數字就知道了。

　　洛克斐勒到飯店住宿，從來只開普通房間。侍者不解，說：「您兒子每次來都要最好的房間，您為何這樣？」

　　洛克斐勒說：「因為他有一個百萬富翁的爸爸，而我卻沒有。」

　　話是這樣說，洛克斐勒在捐助支持教育、衛生等方面卻毫不含糊，數以億計。

　　財富可以讓人庸俗，也可以讓人高尚。成為財富奴隸的人難以獲得幸福，囿於財富的限制，不是真正的富有。

　　一次，李嘉誠上車前掏手帕擦臉，帶出一塊錢的硬幣掉到地上。這天下著雨，李嘉誠執意要從車下把錢撿出來。後來還是旁邊的侍者為他撿回了這一塊錢，李嘉誠付給他 100

塊的小費。他說：「那一塊錢如果不撿起來，被水沖走可能就浪費了，這 100 塊卻不會被浪費，錢是社會創造的財富，不應被浪費。」

所以，拿破崙・希爾說，我們很多人都偏激地理解財富只是物質，是我們能夠看到、能夠擁有的，但另一種財富，而且是更可貴的財富有時卻隱藏在偉大人物的心中，它不是金錢，但許多擁有鉅富的人卻無法擁有它。

亨利寫過這樣的詩句：

「我是命運的主人，我主宰自己的心靈。」

我們能夠把扎根於心靈中的思想和態度轉化成有形的現實，不管這種思想和態度是什麼。我們能很快把貧窮的思想變成現實，也同樣能很快把富裕的思想變成現實。

# 貧困是奮鬥之始

貧窮本身並不可怕，可怕的是貧窮的思想和聽天由命的態度。大自然偏愛那些以貧困作為起跑線而去努力奮鬥的人。

貧困的環境是可以打破的。

翻開美國歷史，大部分成功者小時候都很窮，許多發明家、科學家、企業家、政治家都是在貧困的刺激下努力向前、發展才幹、成就偉業的。

在美國，有很多來自外國的移民並不精通英文，也沒有受過良好的教育，既沒有朋友相助，也沒有優裕的生活，可是他們竟然在美國獲得了顯赫的地位，擁有鉅額的資產。這些成就，足以使家境富裕而最終默默無聞的青年自慚形穢！

美國最著名的企業家之一，查爾斯‧施瓦布（Charles Schwab），童年時代家境非常困難，一貧如洗，他只受過很短時間的學校教育。從 15 歲開始，他在賓夕凡尼亞的一個山村裡做馬伕，兩年之後，他獲得了另外一個工作機會，週薪 2.5 美元，但他仍然時時刻刻留心著新的工作機會。果然他又得到了一個機會，他應某位工程師之邀，去安德魯‧卡內基鋼鐵公司的建築工場工作，週薪由原來的 2.5 美元變為 7 美

元。做了一段時間後，他升任技師，接著一步步升到總工程師的職位。25 歲時，他晉升為那家房屋建築公司的經理。五年之後，施瓦布開始出任卡內基鋼鐵公司的總經理。到 39 歲時，齊瓦勃接過了全美鋼鐵公司的權柄。

貧困像健身房裡的器械一樣鍛鍊人的意志。貧困是個人奮鬥的起跑線。

一個人如果好逸惡勞、貪圖享受，就無法戰勝困難，就絕不會有什麼發展。俗話說得好：「未經苦難的生命是不完整的。」

如果一個青年的境遇不逼迫他去工作，讓他感到滿足，他就不再努力奮鬥。工作上的努力，一方面固然滿足了生存的需求，另一方面又在發展人格、造福社會。

如果一貫依賴他人，從不為自己奮鬥，會白白浪費一生。貧困大都是由懶惰造成的。

有很多人想脫離貧困，卻不肯付出努力。如果一個人安於貧困，聽天由命，缺乏擺脫貧困的自信和勇氣，身體中潛伏的力量就不能發揮出來，就永遠不能擺脫貧困。

《簡‧愛》、《咆哮山莊》、《阿格尼斯‧格雷》是眾所周知的名著，作者是勃朗特三姐妹（The Brontës）。小時候，她們的條件遠遠不如弟弟勃蘭威爾（Branwell Brontë）。勃蘭威爾從小就表現出傑出的文學藝術天賦，他的詩歌、散文和

## 第四章
## 財富的奠定

繪畫充滿靈氣。最初，他對繪畫有濃厚的興趣，一家人節衣縮食送他到倫敦皇家美術學院學習，在那兒，他發現很多同學比自己有才華，一下子洩了氣。幾星期後他回家了。在沒有競爭的環境裡，他漸漸恢復了對文學和藝術的興趣，有時他想成為畫家，有時又想寫出長篇小說，但沒有一件事情堅持到底。父親為他找了一份清閒的工作 —— 當家庭教師，他有足夠的閒暇時間做自己感興趣的事，但他仍然一事無成，還染上了酗酒、抽鴉片的惡習，丟掉了工作。

在這種情況下，全家人仍然認為勃蘭威爾是有天賦、有潛力的，只是被暫時埋沒了。姐姐們懷著對他的殷切期望，當家庭教師、到學校教書，養活他，期待他玩夠以後開始搞一些流芳百世的作品。結果怎麼樣呢？如果不是為了研究勃朗特三姐妹的成長史，我們就再也見不到布蘭威爾的畫，也讀不到他小時候寫的那些美文了。大多數人連聽都沒聽說過他。而勃朗特姐妹在自己身上實現了她們曾經寄予弟弟的厚望。在辛苦乏味的工作之餘，在黯淡的燭光下，她們讀書寫作。對那個遊手好閒的「天才」，她們白費了苦心，但她們漸漸發現，真正的才華在自己身上，錦繡前程屬於她們自己。

人類有幾種堅強的品格，和貧困勢不兩立，那就是自信和勇敢。有許多人身處貧困，卻靠自信和勇敢的稟性戰勝了貧困。

　　不管一個人多麼貧窮，只要能不斷進步，即便是緩慢地進步，生活也是健康向上、充滿希望的。但是，一旦他不再進步了，不再向更高、更深、更強的方向發展，他的生活就會變得死氣沉沉，平庸至極。

　　貧窮本身並不可怕，可怕的是貧窮的思想和聽天由命的態度。

　　如果巴爾札克（Balzac）在年輕時灰心喪氣，我們就不知道誰是巴爾札克了。他父親說：「你知道嗎，在文學領域中，一個人如果不是國王，就是乞丐。」他說：「那好，我就做國王。」父母把他留在閣樓上，讓他自己支配自己的命運。他經歷了整整十年的苦難歲月，戰勝了貧困，取得了成功。在他真正出名之前，寫了四十本毫無影響的小說。

　　英國著名鐵器藝術家詹姆斯‧夏普勒斯非常貧窮，但是他經常在早晨三點鐘起床抄寫那些他買不起的書。他願意步行十八英里到曼徹斯特去買一先令一件的藝術品。他寧願在鐵匠鋪中做最累最苦的工作，以便觀察爐子加熱的過程。他十分珍惜空餘時間，見縫插針，雖然這些時間都是零散的。就這樣，經過五年的努力，他完成了偉大的作品〈化鐵爐〉。

　　大自然偏愛那些以貧困作為起跑線而去努力奮鬥的人，以巨大的財富和顯赫的地位來補償他們年輕時遭受的貧困磨難。

# 戰勝自我，擺脫貧窮

　　貧窮可以磨練人的意志，這種意志可以戰勝心理上的負擔，衝破貧窮的堡壘，到達成功的彼岸。

　　也許你生來就很貧窮，但那並不能決定你一生的命運。大部分成功者最初都是窮苦的孩子，貧窮給他們帶來的並不是貧窮，而是一種催人上進的力量，這才是人生真正的財富。

　　福勒是美國路易斯安那州一個黑人佃農七個孩子中的一個。他在 5 歲時開始工作，9 歲之前主要是以趕騾子為生。這並不是什麼特殊悲慘的事情，大多數佃農的孩子都是很早就參加勞動的。這些家庭認為他們的貧窮是命運的安排，因此，他們並不要求改善自己的生活。小福勒有一點和其他的小朋友們不同：他有一位不平常的母親，他的母親不肯接受這種僅夠餬口的生活。過去，她時常和一個兒子談論她的夢想：「福勒，我們不應該貧窮。我不願意聽到你說：我們的貧窮是上帝的意願。我們的貧窮不是由於上帝的緣故，而是因為你的父親從來就沒有產生過致富的願望。我們家庭中任何人都沒有產生過出人頭地的想法。」

「沒有人產生過致富的願望」，這個觀念在福勒的心靈深處刻下了深深的烙印，以致改變了他整個的一生。他開始想走上致富之路，他總是把他所需要的東西放在心中，而把不需要的東西拋到九霄雲外。這樣，他的致富的願望就像火花一樣迸發出來。他決定把經商作為生財的一條捷徑，最後選定經營肥皂。於是，他就挨家挨戶出售肥皂達 12 年之久。後來他獲悉供應他肥皂的那個公司即將拍賣出售。這個公司的售價是 15 萬美元。他在經營肥皂的 12 年中，一點一滴地積蓄了 2.5 萬美元。雙方達成了協定：他先交 2.5 萬美元的保證金，然後在 10 天限期內付清剩下的 12.5 萬美元。協定規定如果他不能在 10 天內籌齊這筆款子，他就要喪失他的保證金。

福勒依靠自己在多年經商活動中培養起的良好的信譽，從私交甚好的朋友那裡借到了款子，也從信貸公司和投資集團那裡得到了幫助，他在第 10 天的前夜，籌集到了 11.5 萬美元，也就是說，還差 1 萬美元。

夜裡 11 點鐘，福勒驅車沿著芝加哥 61 號大街駛去，駛過幾個街區後，他看到了一家承包事務所的窗子裡還亮著燈，福勒走了進去，他看見寫字檯的後面坐著一個因深夜工作而疲憊不堪的人，福勒直截了當地對他說：「你想賺 1,000 美元嗎？」

這句話嚇得那位承包商差一點倒下去,「想,當然想。」

「那麼,請你給我開一張 1 萬美元的支票,當我還這筆借款的時候,將另付 1,000 元利息。」福勒還向這位承包商詳細地講解了這次商業冒險的重要性,並且還將其他借款的名單給他過目,那天夜裡,福勒在離開這個事務所的時候,口袋裡已經有了一張 1 萬美元的支票。以後,他不僅在那個肥皂公司,而且還在其他七個公司和一家報館取得了控股權。當有人要求與他一起探討成功之道時,他就用他的母親多年以前所說的那句話回答:「我們是貧窮的,但不是因為上帝,而是因為你們的父親從來沒有產生過致富的願望,在我們的家庭中,從來沒有一個人想到改變現狀。」

美國著名的服裝設計師嘉拉蒂過去依靠洗衣店賺取微薄的收入為生,這位 36 歲的離婚女人,在生活上並非一帆風順。她離婚後,獨立撫養年僅週歲的兒子,她把這種苦難的生活作為自身奮鬥的動力。她曾說:「貧窮就好像我們健身房裡的運動設備,可以鍛鍊人,使體格強健。」

就這樣,她用僅有的 38 美元購買針線衣料,縫製了第一套自己設計的時裝,在達拉斯的精品店寄賣,結果證明,她確實具有設計時裝的天賦。1986 年,她與人合作,漸漸走進了服裝設計行業。1987 年,她加盟謝時利時裝公司,嘉拉蒂的才華得以展示,目前謝時利公司的業務正在擴張,每週平

均開設 25 家分店，營業額每年能達到 1.1 億美元。嘉拉蒂設計的服裝遠銷世界各地，不久也成立了一家新企業，開始了自己的事業，而她身為美國一家大型時裝連鎖店的設計師，每年得到的紅利猜想不會少於 100 萬美元。

　　荷蘭十七世紀偉大的畫家林布蘭·范賴恩（Rembrandt van Rijn）也是一位從貧困中走出來的成功者。倫勃朗出生於一個貧窮的家庭，父親是一位勤勞的磨坊主。倫勃朗從小就知道貧窮對他來說意味著什麼。因此，他立志要做一個自立自強的人。父親為了讓他讀書，省吃儉用累積錢，最終把他送入了萊登大學。實踐證明，倫勃朗並不是唸書的料，他把所有的時間和精力都用到了畫畫上。於是父母又把他送到雅格布·范·斯瓦丁堡那裡去學繪畫。在這艱苦的時間裡，倫勃朗只能依靠給先生太太們畫肖相來謀生。

　　也許是貧窮的環境給了他巨大的動力。在他負擔越來越重的時候，他的作品也越來越多，越來越偉大。在苦難的年代裡所創作的作品，則大多成了世界上最偉大的藝術珍品。

　　貧窮雖然不能直接帶來利益，但它卻能磨練人的意志。這種意志可以戰勝心理上的負擔，衝破貧窮的堡壘，到達成功的彼岸。「窮則變，變則通」，這是一條屢試不爽的真理。

# 高尚的品格比什麼都貴重

只要對自己所做的一切精益求精，頑強奮鬥，終究會磨練出超人的才華，激發出那潛在的高貴品格。

「去吧，孩子，我把你交給上帝了。」阿伯德‧卡德的母親給了他四十枚銀幣，又讓他發誓任何時候都不撒謊，「孩子，在接受上帝的審判之前，我們可能沒有機會見面了。」

這個年輕人外出賺錢去了。幾天之後，他遇到了強盜。

「你身上有錢嗎？」一個強盜問他。

「有四十塊銀元縫在我的外套裡面。」阿伯德‧卡德老老實實地回答。

強盜們哈哈大笑，沒有人相信他的話，因為他過於誠實了。另一個強盜惡狠狠地問：「你身上到底有多少錢？」

誠實的孩子把剛才的話重複了一遍，還是沒有人相信他。

「過來，孩子。」強盜頭子說，「告訴我，你身上到底有沒有錢？」

「我已經說過了，我的外套裡縫著四十塊銀元，他們不信。」

「把他的外套掀起來。」強盜頭子命令道。

那些銀元馬上就被搜了出來。

「你幹嘛不打自招呢?」強盜們問他。

「因為我不能背叛我的母親,我向她發過誓 —— 永遠都不撒謊。」

強盜們聽到這話,心頭一震。強盜頭子對他說:「孩子,你小小年紀,卻如此守信用,我們這些鬍子拉碴的傢伙,卻在違背小時候對上帝許下的諾言。來,把你的手伸過來,我要握著你的手重新發誓!」

他照他說的做了,其他強盜也被深深打動了。

「作起案來,你是我們的頭,」一個嘍囉說,「要是走正道,你也是我們的頭。」那人也握住男孩的手,像他的首領那樣重新發誓。這些人一個接一個地對上帝重新發了誓,而站在他們面前的是一個小孩。

高尚的品格即便從一個孩子身上表現出來,也會對周圍的人產生積極的影響。它不一定像《天方夜譚》中的奇蹟那麼驚人,但仍然具有感染力。

劍橋大學喬伊斯·巴特勒教授認為:當一個人的所有性格特徵和承諾一樣莊嚴神聖時,就會發現,他的一生擁有比他的職位和成就更偉大的東西,比獲得的財富更重要,比天才更偉大,比美名更持久。

## 第四章
### 財富的奠定

如果一個年輕人一開始就有堅定的意志，一諾千金；如果他把聲譽看做無價之寶，覺得全世界都在注視著他，而不能說一句謊話；如果他在人生之初就有這樣的立場，那麼他會像喬治·皮博迪一樣，最終獲得無上的聲譽，獲得所有人的信任，成為一個高貴的人。

「誠實的亞伯拉罕·林肯」這個詞，在 19 世紀中期是正義與誠實的代名詞。

林肯當店員時，由於誠實的品格，摸黑跑了 6 英里路，把零錢還給一位夫人，他沒有等到下次見面再還。正是這些事情使「誠實的亞伯拉罕」成為人性中高貴性格的象徵。

林肯當律師時，要求一樁土地糾紛案的當事人預交 30,000 美金，那人一時籌不到這麼多錢，林肯說：「我替你想辦法。」他來到一家銀行，告訴出納他要提 30,000 美金，又補充說：「過一兩個小時，我就給你送回來。」出納二話沒說，把錢給了他，連張收據都沒填。

「如果沒有把握為當事人打贏官司，林肯先生就不接案子。」伊利諾斯州斯普林菲爾德的一名律師這樣說，「法庭、陪審團和檢察官也都知道，只要亞伯拉罕·林肯出庭，他的當事人就肯定是正義的一方。我並不是站在政治立場上說這番話的，我和他屬於不同的黨派，但事實的確如此。」

有一次，林肯得知他的當事人捏造事實、欺騙律師事務

所，就拒絕為他辯護，他說：「我不能去，如果我去了，我會忍不住對自己喊道：『林肯，你是個說謊者，你是個說謊者！』」林肯的一個合夥人接了這個案子，而且勝訴了，得到了 900 美金的律師費。林肯拒絕接受自己那一份，因為他追求正義、追求人格的完美。

還有一次，林肯的盟友從芝加哥發電報說，他要想被提名為候選人，就必須同時獲得兩個敵對代表團的選票，為此，林肯要承諾在將來的內閣中給他們一定的職位。林肯回答說：「我不會對他們討價還價，也不會受制於任何勢力。」他具有伯克所說的追求榮譽的個性，他認為人格上的汙點比傷疤還要難看。

《倫敦圖片新聞》的創始者英格拉姆剛剛開始從事新聞業時，有一次為了送一張報紙他跑了十英里路，僅僅為了不讓一個讀者感到失望。像這樣值得信任的人，有什麼能阻擋他成為報業巨人呢？

如果一個人戴著面具、過著虛偽的生活，或者從事不正當的職業，他將受到自己內心的嘲笑，他會產生對自己的鄙視。他的良心會不住地拷問靈魂：「你是一個欺騙者，你不是一個正直的人。」這不僅敗壞了他的靈魂，而且削弱了他的力量，使他喪失自尊和自信。

一個本來相當能幹、心理健康、受過良好教育的人，為

了滿足自己膨脹的物欲，不惜上下其手，製造陰謀，運用各種欺騙性手段，壓制別人，或者玩弄手腕擺布別人，看到這樣的人由好變壞，真是非常遺憾！

在你準備犧牲崇高的品格來牟取私利時，你那發自心底的聲音就會不斷地提醒你。這對塑造自己的性格，保持健康積極的心態，不啻為一劑良藥。雖然一個人的行動非常詭祕，可謂神不知鬼不覺，但是在做了卑劣的事之後，還想保持正直的品格，那根本不可能。

全力以赴、力求完美的精神對人生的影響無可估量。

失之毫釐，差之千里。平庸和優異、一般和最好之間存在著巨大的差別。無論是在思想上，還是在日常的生活中，無論為莊稼鋤草，還是為國家立法，始終嚴格要求，我們就會有一種向上的精神。這是意志薄弱、目光短淺的人所缺少的品格。只要對自己所做的一切精益求精，頑強奮鬥，終究會磨練出超人的才華，激發出那潛在的高貴品格。

這種力求完美的精神主宰了心靈，滲透進個性中會影響一個人的行為和氣質。做事臻於完美的人有一種寧靜致遠的氣質，他不會輕易放棄堅守的信念；他無所畏懼，勇於面對這個世界，因為他問心無愧，與虛假無緣，他已竭盡全力，力求至善。

這些品格將給你一種自我實現的滿足感。那些三心二

意、作風散漫的人永遠不會體會到。當一個人因為能把一件事做得盡善盡美而激動不已時,當一個人心安理得地欣賞著自己的所作所為時,這是一種真正的快樂,真正的成功!這種成就感能夠促使你的各種才能得到最完滿的發揮。它會激發你的心智、陶冶你的情操,增強你的體質。

這就是成長。高貴的品格才是人生的最寶貴的財富。

# 金錢只是達到目的的工具

你如果要做一個快樂的人，切記著：金錢不是萬能的，只是用來達到目的的一種工具罷了。

無論什麼時候，無論什麼地方，人總是要爭權奪利的，所以每一個人都崇拜權力。

在過去，人們崇拜權力的對象不一，有的為豐收而禱告，有的為美麗或聰明而禱告。頭腦簡單的野蠻人所崇拜的權力，是射箭能夠直射到野獸心臟的本領。普通的美國人所崇拜的權力是能有鉅款存入銀行，能加入要求消費鉅額的俱樂部，能駕馭速度最快的汽車。

把金錢當作權力的來源而崇拜，這在一些國家裡，幾乎達到了舉國若狂的程度。歐洲各國的人民，除希望生活和平與安靜以外，別無他求，只有美國人是如此熱衷於金錢。美國人追求萬能的金錢，正好像哥倫布冒險尋覓新大陸一樣。財神在從前，絕沒有像現在似的受人狂熱的信仰和崇拜。

隨便問一個小孩：「你有低劣的心理嗎？」他會望著你呆笑，因為他不懂得你說的是什麼；但是，你如果問他：「你將來長大了，希望做一個什麼樣的人呢？」那他就會告訴你：「我

要做一個消防員！」因為他的心目之中，早已給喧噪的消防車的光榮、英雄一般的消防員所感動了。在這個小孩看來，威嚴地坐在「叮噹叮噹」的消防車上，衝散路上各種普通的車輛，那消防員實是達到了人類最偉大事業的高點。所以他要做消防員，因為在他看來消防員是有著代表最高權力的光榮的。

當柏克在英國議院裡發表他的著名的關於殖民地的自由的演說時，他說道：「自由是人人生來俱有的，不過各人需要自由的目的不同罷了。」他這篇演說是代表美洲的殖民地人民要求言論和出版的自由，信仰的自由，以及抗議無理的捐稅而發的。所以他說：有些人只要求言論和出版的自由權利；有些人只要求用任何方式，在任何地方，崇拜上帝的自由權利；還有些人認為對於中央政府的開支，不能說一句話的，就不願拿出稅款來。

這些話的原則，實可以適用於權力。有些人認為，「心地和平」的價值，比世間一切財物的價值都高；有的寧願受大學的教育，而不願擁有紐約的一半；還有些人以為「愛」就是權力，倘能得到人家的愛，其價值就在西印度群島的財富之上。

美國是世界上「金錢萬能」國家的先鋒隊。它向來沒有世襲的權力，所以美國人，只要努力工作，善於經商、賺錢，有了錢，就可變為有權力者了。因為有了錢，一切名譽、地位、安全、快樂都可以得到。所以在當初，金錢還不

過是用它來達到權力的目的一種工具而已,後來卻本末倒置,就認金錢本身為權力者了。

達到目的的工具,一變而為目的本身時,你就陷入苦難的境地而不能自拔了。因為在當初,用金錢來達到權力的目的時,金錢是一種工具,所以大家容易獲得它。現在,你既以它為目的,你就非但失去了原來的目的 —— 社會的名譽、地位、安全、快樂、權力等等 —— 而且也失去了你的工具 —— 金錢 —— 因為金錢變成了你的目的時,就變成了你的主人了,而在人類的歷史之中,金錢是最無情、最殘酷的駕馭奴隸者。

譬如我們說,你要 10,000 塊錢,於是你勞苦工作,埋頭苦幹,目的就是在賺 10,000 塊錢,一切快樂你不要享受;一切會減少達到你的目的的可能,然而有益你身心的活動,你一概拒絕;你進餐的時候,狼吞虎嚥,因為時間就是金錢。除了「錢,錢,錢」之外,別無可取,別無可談:毫不體貼你的夫人,毫不顧念你的兒女;即在打球鬥牌的時候,你也不當作享樂而遊戲,為的也是賺錢。總之,錢是你生活的中心思想,而你生活上唯一的興趣,是多賺錢。

固然,經過了幾年的勞苦工作之後,你賺到了 10,000 塊錢?當銀行裡的付款員交給你一張清單的時候,你便感到了得意,但是,這不過是很短促的興奮,因為你不能有了錢去周遊世界,或加入俱樂部做會員,或新做許多衣服,買一

輛精美的汽車，為的是你在拚命賺錢的過程之中早已忘記了生活的方式，變成了金錢的奴隸了。你唯一歡喜的是賺錢，於是你即刻繼續努力。你有辯解，或說要為兒女籌一筆教育費，或說要捐助一所醫院，以及其他各種的說法；其實，這些全是掩飾自己是奴役的辯解罷了。老實告訴你吧；你錢越多，越是要受錢的束縛，而享受快樂的機會也越是少，你的一切都完了！將來會像可憐的老皇帝麥達斯，用他的點金術，把世間一切都點成了黃金，直點到雞蛋和麵包也變為硬質的金子不能入腹時，就只好餓死一樣。

以金錢為目的，倘若達不到的時候怎樣呢？又倘若一生辛苦所獲得的滿抽屜的股票證券忽而變成廢紙的時候又怎樣呢？這種悲慘的情形，想你也見慣了的。有些人相信沒有錢是不能生活的，然而當窮鬼來向他們求布施的時候，他或她是多麼憤怒啊！金錢的奴隸者在求財的時候，渴望的面容及眼光是如何卑賤和可怕啊！

所以，不要做金錢的奴隸。

總之，你如果要做一個快樂的人，切切記著：金錢不是萬能的，不是權力；只是用來達到目的的一種工具罷了。若你不注意發展你的人格而只注意賺錢，那麼，全世界銀行金庫裡的錢還不夠替你買到快樂！金錢變為你的生活目的時，怕連你的生活也要保不住了！

# 擺脫金錢的束縛

　　恐懼和慾望這兩種情感會使你落入一生中最大的陷阱。別讓金錢支配你的生活。

　　生活中的許多人常說：「金錢是萬惡之源。」

　　的確，企圖一夜之間靠欺詐發財的人將會落入許多陷阱，這毫無疑問。

　　大多數人讓他們的恐懼和貪婪之心來支配自己，這是無知的開始。因為害怕或貪婪，大多數人生活在賺錢、加薪之中，而不問這種感情支配思想的生活之路通向哪裡。這就像一幅畫：

　　驢子在拚命拉車，因為車伕在它鼻子前面放了個胡蘿蔔。車伕知道該把車駛到哪裡，而驢卻只是在追逐一個幻覺。但第二天驢依舊會去拉車，因為又有胡蘿蔔放在了驢子的面前。

　　強化恐懼和慾望是無知的表現，這就是為什麼很多有錢人常常會擔驚受怕。錢就是胡蘿蔔，是幻象。如果驢能看到整幅影像，它可能會重新想想是否還要去追求胡蘿蔔。成功的人知道錢是虛幻的東西，就像驢子的胡蘿蔔一樣。正是由

於恐懼和貪婪，使無數的人抱著這個幻覺，還以為它是真實的。

有的人進了大學，而且受到很好的教育，所以他能得到一份高薪的工作。他的確也得到了，但他還是為錢所困，原因就是他在學校裡從來沒學過關於錢的知識。而且最大的問題是，他相信工作就是為了錢。正是出於恐懼心，人們大多害怕失去工作，害怕付不起帳單，害怕遭到天災，害怕沒有足夠的錢，害怕挨餓，大多數人期望得到一份穩定的工作。為了尋求穩定，他們會去學習某種專業，或做生意，拚命為錢而工作，大多數人成了錢的奴隸。

錢來了又去，但如果你了解錢是如何運轉的，你就有了駕馭它的力量，並開始累積財富。光想不行動的原因是絕大部分人接受學校教育後卻沒有掌握錢真正的運轉規律，所以他們終生都在為錢而工作。

現代的社會裡丈夫和妻子都工作，兩份收入使他們感到滿足。他們覺得獲得了成功，前途光明，於是決定買房、買車、度假並且生孩子。這樣一來問題就來了：需要大量的錢。於是開始更加努力地工作，尋求升遷和加薪。接受更多的培訓，以便讓他們能賺更多的錢。他們的收入上升了，但同時他們的支出也上升了。他們得到了大額的薪資單，但迷惑於錢都到哪兒去了。他們不停地為公司老闆工作，但等待

他們的只是越來越多的債務和催款函，於是他們再加倍努力工作，再更多地獲取債務，陷於財務緊張的惡性循環不能自拔。

接著，他們建議他們的孩子努力學習，取得好成績，找個安全的工作或職業。他們終生努力工作，然而隨後這個過程又將在他們的下一代中重複了。一位專家指出這就叫「老鼠賽跑」。他指出：一旦人們為支付生活的帳單而整天疲於奔命，就和那些蹬著小鐵籠子不停轉圈的小老鼠一樣了。老鼠的小毛腿蹬得越快，小鐵籠也轉得越快，可第二天早上醒來，他們發現自己依然困在老鼠籠裡。

許多人害怕沒有錢，不願面對沒錢的恐懼，對此，他們不加思考地做出了反應。他們會去賺一點小錢，可快樂、慾望、貪婪會接著控制他們，他們會再作出反應，仍然是不加思考。他們感到恐懼，於是去工作，希望錢能消除恐懼，但錢不可能消除恐懼。於是，恐懼追逐著他們，他們只好又去工作，但錢還是無法擺脫恐懼。事實上，許多人致富並非出於慾望而是由於恐懼，他們認為錢能消除那種沒有錢、貧困的恐懼，所以，他們累積了很多的錢，可是他們發現恐懼感更加強烈了，他們更加害怕失去錢。有一些人已經很有錢了，但還在拚命工作，甚至有些百萬富翁比他們窮困時還要恐懼。這種恐懼使他們過得很糟糕，他們精神中虛弱貧乏的

一面總是在大聲尖叫：我不想失去房子、車子和錢給我帶來的上等生活，他們甚至擔心一旦沒錢了，朋友們會怎麼說。許多人變得絕望而神經質，儘管他們很富有。

　　恐懼使他們落入工作的陷阱，賺錢 —— 工作 —— 賺錢，希望有一天能消除恐懼。但每天他們起床時，就會發現恐懼又和他們一起醒來了。恐懼使成千上萬的人徹夜難眠，憂心忡忡。所以，他們又起床去工作了，希望薪水能殺死那該死的恐懼。錢主宰著他們的生活，他們拒絕去分辨真相，錢控制了他們的情感和靈魂。

　　除了恐懼，世間還存在另一種情感：慾望，有人把它稱為貪婪，即希望一些東西更好、更漂亮、更有趣或更令人激動，這是相當正常的。所以，人們總是為了實現慾望而最終變成是為錢工作。他們認為錢能買來快樂，可用錢買來的快樂往往是短暫的，所以，他們不久就需要更多的錢來買更多的快樂、更多的開心、更多的舒適和更多的安全。於是，他們工作又工作，以為錢能使他們那被恐懼和慾望折磨著的靈魂平靜下來，但實際上錢無法滿足他們的慾望。即使有錢，也只不過是高薪的奴隸而已。

　　恐懼和慾望這兩種情感會使你落入一生中最大的陷阱。如果你讓它們來控制自己的思想，你的一生就會生活在恐懼中，這是殘酷的。為錢工作，以為錢能買來快樂，這也是殘

**第四章**
**財富的奠定**

酷的。半夜醒來想著許多的帳單要付是一種可怕的生活方式，以薪資的高低來安排生活不是真正的生活。一定要盡力避開這些陷阱，如果可能的話，別讓這些問題在你的身上發生，別讓錢支配你的生活。

# 別讓金錢給你帶來煩惱

只有你對金錢保持了一種正確、健康的心態，認為金錢就是金錢，它不等於快樂、幸福，也不等於生活的全部。

愚人讓自己為金錢而煩惱，聰明人則讓金錢為自己解除煩惱。

美國一家十分著名的調查公司曾經做過一項調查統計，結果非常令人吃驚：人類 70% 的煩惱都跟金錢有關，而人們在處理金錢時，卻往往意外地盲目。

蓋洛普民意測驗協會主席喬治·蓋洛普（George Gallup）說，從他所作的研究中顯示，大部分人都相信，只要他們的收入增加 10%，就不會再有任何財政的困難。美國預算專家愛爾茜·史塔普裡頓夫人曾擔任紐約及全培爾兩地華納梅克百貨公司的財政顧問多年。她曾以個人指導員身分，幫助那些被金錢煩惱拖累的人。她幫助過各種收入的人 —— 從一年賺不到 1,000 美元的行李員至年薪 10 萬美元的公司經理。她曾說過這樣一段話：「對大多數人來說，多賺一點錢並不能解決他們的財政煩惱。」事實上，人們經常看到，收入增加之後，並沒有什麼幫助，只會徒然增加開支 —— 增加頭痛。

第四章
財富的奠定

「使多數人感覺煩惱的，」她說，「並不是他們沒有足夠的錢，而是不知道如何支配手中已有的錢！」

那麼，如何來管理我們的錢呢？

亞諾·班尼特50年前到倫敦，立志當一名小說家，當時他很窮，生活壓力也很大。所以他把每一便士的用途記錄下來。他難道想知道他的錢怎麼花掉了？不是的，他心裡有數。他十分欣賞這個方法，不停地保持這一類記錄。甚至在他成為世界聞名的作家、富翁、擁有一艘私人遊艇之後，也還保持這個習慣。

約翰·洛克斐勒也保有這種總帳。他每天晚上禱告之前，總要把每便士的錢花到哪兒去了弄個一清二楚，然後才上床睡覺。

你我也一樣，必須去弄個帳本來，開始記錄。記錄一輩子？不，不需要。預算專家建議我們，至少在最初一個月要把我們所花的每一分錢作準確的記錄——如果可能的話，可作三個月的記錄。這只是提供我們一個正確的紀錄，使我們知道錢花到哪兒去了，然後不妨依此作一預算。

也許你會說，你知道你的錢花到哪兒了。也許如此，但就算你真知道，1,000人當中，只能找到一個像你這樣的人。史塔普裡頓夫人說，通常，當人們花費幾小時的時間把事實和數字忠實記錄在紙上後，他們會大叫：「我的錢就是這樣

花掉了？」他們真是不敢相信。你是否也這樣？

　　史塔普裡頓夫人說，假設有兩個家庭比鄰而居，住同樣的房子，家裡孩子的人數一樣，收入也一樣——然而，他們的預算需求卻會截然不同。為什麼？因為人的性格是各不相同的，她說，預算必須按照各人需求來擬定。

　　學習如何使你的金錢得到最高價值。所有大公司都設有專門的採購人員，他們啥事也不做，只要設法替公司買到最合理的東西。身為你個人財產的男、女主人，為何不也這樣做？

　　史塔普裡頓夫人說，她最怕的就是被請去為年薪五千美元的家庭擬定預算。為什麼呢？「因為」，她說，「每年收入五千美元，似乎是大多數美國家庭的目標。他們可能經過多年的艱苦奮鬥才達到這一標準——然後，當他們的收入達到每年五千美元時，他們認為已經『成功』了，他們開始大肆擴張。在郊區買棟房子——只不過和租房子花一樣多的錢而已。買部車子，許多新家具，以及許多新衣服——等你發覺時，他們已進入赤字階段了。他們實際上比以前更窮了——因為他們把增加的收入花得太凶了。」

　　只有你對金錢保持了一種正確、健康的心態，認為金錢就是金錢，它不等於快樂、幸福，也不等於生活的全部。這樣，你才能消除這70%的由於金錢所帶來的煩惱。

第四章
財富的奠定

# 貧困不是你的全部

　　追求財富、成功和幸福，不但是人類天生不可剝奪的權利，且是與生俱來不得放棄的責任和義務。

　　劍橋大學瑪麗·加爾布雷斯教授指出：無論什麼人，只有在首先解決了衣食住行這些最基本的生活需求之後，才有可能去追求別的東西，否則，便會為貧窮所困，為貧窮所累，為貧窮所苦。在貧困的泥淖之中，只有為生存掙扎的心思，哪裡還會有為理想奮鬥的餘力呢？而事實上，即便是把基本的生活需求解決了，要想去追求事業的成功和獲取人生的幸福，也還是需要擁有除了解決基本生活溫飽以外的物質基礎 —— 即所謂可以資助人在學習和奮鬥過程中所需要的基本的財富。財富是人奮鬥的推進器，它可以為人朝向某一目標奮進提供外力。它可以成為跳板，成為人騰躍的跳板；可以成為舟楫，成為人渡河的舟楫。同樣是奮鬥，在同樣的人生起跑線上，有人乘飛機，有人坐汽車，也有人徒步而行，在有限的生命歷程中，誰能率先達到目標顯然是不言而喻的。那些因貧困而坐不起車的人，在一日千里的現代社會裡，可能永遠也無法到達理想的目的地。

在若干年前，一些外國軍事家在評論第十次中東戰爭時說：「中東戰爭中各個發展階段的程式和結局表明，在某種意義上說，勝利是物資保障的成功，失敗是物資保障的失利。」這與人在社會生活中的鬥爭和奮鬥何其相似乃爾。

貧窮，是壓在人們頭上的一座大山。從安徒生童話中可憐的「賣火柴的小女孩」，到今天窮鄉僻壤中手持大學錄取通知，卻因昂貴的學費而無法走出山外的農村青年，哪一個讀來不令人淚垂漣漣，心碎般難受？倉廩不實，奔波生命尚且不及，還侈談什麼文明禮儀？一個貧窮的人又有多少力量和雄心在群雄逐鹿的社會大舞臺上建樹理想的人生大廈呢？

過於貧窮的人大多因貧窮而失去了成大器的機會和條件。所謂貧困，即因貧而困者也。而那些不為貧所困者，則更有成功之指望。在美國，能夠當選總統的人大都是富翁。雄厚的資財，使他們很容易走上獲取成功的捷徑，也使他們很容易獲得冠冕堂皇的人生形象。特別是在現代社會，不管在哪個領域裡獲取成功，都需要提早受到良好的教育，而要受到良好教育，就必須解決學費問題、時間問題、精力問題，這是貧困者最容易失去的。而富裕者是不必在這些問題上面操心的，只要一心一意地努力奮鬥就行了。

為貧窮困擾，就難得成功；為貧窮困擾，就難得幸福。貧窮很可怕，不戰勝它，就沒有出路。

## 第四章
## 財富的奠定

　　但可能也有人拿一些社會上的特例來懷疑「富貴」法則的精度。他們說，貧困者也有功成名就者，但殊不知，按照猶太人的「宇宙法則」推斷，世界上22%的富人中出現的成功者遠遠要比78%的窮人中所冒出來的成功者多而又多，兩者是不成比例的。當然，說到窮，也是一個相對的概念，有溫飽線以下的，也有溫飽線以上的，這裡所說的窮，主要指影響人奮鬥的基本條件匱乏和水準以下者。都說這個社會和大自然之間存在著某些驚人的相似，差不多都逃不出「物競天擇，適者生存」的邏輯。但因為存在窮和富的關係，也就不可避免地使處在同一起跑線上的人們產生了不平等的競爭、不平等的選擇和不平等的收益。所以，只有首先戰勝物質上的寒窘，戰勝了貧困，才有希望從人生的泥淖中拔出腳來，快步奔向理想目標。

　　生而貧困並無過錯，死而貧困才是遺憾。尤其是終其一生，無力消除貧困創造財富，更是無可寬恕的。貧困是一種疾病，是一種惡習，如果不是由於懶惰，就是由於無知；最壞的莫過於兩者皆具。貧困不單是金錢物質的缺乏，有時也是精神的殘缺，所說「人窮志短，馬瘦毛長」即在於此，有時一個人因為金錢和物質的缺乏，最終會導致精神 —— 信心、勇氣、熱情、意志和知識的欠失。所以貧困不僅僅是口袋空空。因此，對窮人施以經常的物質救濟，可能會給他造

成永久的貧困；只有對窮人給以不斷的精神激勵，才能帶來長期的富裕。

財富是我們經心智和勞力的工作、服務他人貢獻社會的結果。真正的財富是內在的財富，也就是精神的財富。財富的增加不僅可以用作改善生活的資材，尤其應作為貢獻社會的工具。

一個人價值的高低，視其對財富創造的程度，也就是對社會貢獻的程度決定的。

人生的幸福，唯有經財富的創造才能達成。一個貧困的人是無幸福可言的。消滅貧困和創造財富，是我們在現代社會裡的每一個人責無旁貸的任務。

據說李嘉誠的成功就是基於戰勝貧困而取得的。貧窮的壓迫和生存的需求，迫使李嘉誠從小就樹立了戰勝貧困的決心。

1943 年，不滿 15 歲的李嘉誠因父親病逝，家貧如洗，不得不輟學打工。由於抱著「我不要窮，我要賺錢」的積極心態，他在泡茶掃地當學徒、當店員、當業務員的早年生涯中，努力學習和思考，自覺或不自覺地開發著自己經商賺錢的潛能。

「我不替別人打工！我要創立自己的企業！」

經歷七年打工奮鬥，22 歲的李嘉誠放棄了很好的職業，

為自己樹立了更積極成功的心態 —— 一個宏偉的「我要」的目標。

打工的經歷開發了青年李嘉誠立身處世和經商的部分潛能，使他增強了信心，他要開發自己更大的潛能。1950 年，他放棄一家塑膠企業總經理的位置，自己創辦了「長江塑膠廠」，成為一個主宰自己命運的老闆。

培根曾經說過：「財富之於德能正如輜重之於軍隊。輜重是不可無的。」又說：「財富可以買通關節，使人出於危厄或困難。」如此看來，財富對人生之重要可以展現在多個方面的。人在年輕奮鬥的時候，早一點意識到戰勝貧困和獲取財富的重要性，並積極為之努力，不但不會拖他的後腿，還會為他獲得事業的成功，並從多個方面造成保障作用。

# 累積財富須積蓄能量

相信這個世界上，沒有人比亨利‧布萊頓還忙碌的了。這個人在僅僅 30 出頭，就已經是美國 SERVO 公司的總經理，當時美國少數彈道導彈的專家之一。

雖然身居要職，布萊頓依然力學不輟，一天工作完後，晚上還上夜校繼續進修。

他選擇的科目是素描。

為什麼他要學素描呢？

針對這點，他的回答非常使人感動：

「素描可有效地將創意說明給我底下的技術人員知道。」

雖然現在已功成名就，但他認為並非人生努力的終點。地球一直在轉，時代不斷地進步；想跟上時代，應該不斷努力學習。

他利用晚上的空閒時間學習打字、雷達技術、西班牙語、管理學、演講術等，對他的經營有幫助的他都學。

他能學以致用，並都收到了很好的效果。

真正成功的人，即使每天工作再多再累，他也絕不埋怨，並且還能騰出時間繼續進修。

為何他如此熱衷於自我深造呢？

其實，像他這類百萬富翁多半都了解下列事實 —— 人生是短暫的，每天能讓自己思考的時間非常有限。

因此，凡是能供自由思考的時間，他們是一分一秒都不願浪費，並且設法做最有效的利用，因為他們都希望能在自己的工作上或專業範圍內掌握絕對的成功。

的確，唯有努力才能使人成功，但一次成功並非終點，你必須為獲得下一次成功而再接再厲。

從古到今，凡是百萬富翁都是不肯滿足於現狀，而是不斷為更美好的明天做準備。

這麼做並不困難，雖然辛苦，但是為了成功仍屬值得。「今日的努力是美好明天的基礎」，你片刻都不可放棄學習；若有浪費，即使片刻就可能替你帶來終身遺憾。

你不妨利用多餘的時間去學一些關於工作及提高工作效率的知識。

有效的利用目前可供自己自由思考的時間，可保證將來的成功。這是投資，也是保險。

你有無瞻望未來，為獲得明天的紅利而將多餘的時間投資在今天？

不論你從事何種事業，工作時間全部加起來最多也只占一個星期裡一半的時間（一般公司每天工作時間為 8 小時，

一個星期上 40 小時的班，為一週總共時數 1/3 不到），請問剩下至少一半的時間你都在做些什麼？

時間包括一天工作結束後的餘暇時間及至少一到二天休假的時間，這麼多時間都是屬於自己的自由時間。

閒暇時間是有了，但問題是，你該如何去有效利用這些時間。

你不妨捫心自問是否珍惜這寶貴的時間。如特地挪出一些享樂的時間或利用每天上下班坐公車的時間閱讀一些與專業知識有關的書籍，將這些時間用來思考如何度過一個有意義的週末。

並非在限制你該怎麼想、怎麼利用，最主要的是想讓你了解不能將寶貴的時間浪費在玩樂上。

你應審慎地去思考一些有意義的事，象如何利用時間創造將來等等。

亨利·布萊斯頓曾說：

「人類擁有頭腦這如此神奇的東西，如用來浪費在一些無聊的事上，太可惜了！」

如果你想創造美好的明天，應將自己能自由使用的時間投注在增加今天的工作效率有實際價值的事上。

你可利用閒暇時間吸收一些新知，然後用來引發深藏在心靈深處，僅屬於自己的原始創意。

將來有機會的話，這些創意皆將成為有利的工具。

知識這種東西，無論你學了多少，它都將在你的腦中累積，成為你自己的東西，再不會消失，別人也偷不走。

曾經有一位歌曲的作者，寫了一支歌，但得不到發表。柯亨買了它，並給它加上一點東西。

這種「更多的東西」使柯亨獲得了一筆財富。他僅僅加了三個很小的詞：「HIP，HIP，HOORAY！」（嗨！嗨！萬歲！）！

湯瑪斯·愛迪生做了一萬多次的實驗，在每次失敗之後，他都能不斷地去尋求更多的東西，直到找到了他要尋找的東西。

當他所不知的東西變成已知的東西時，鎢絲經受住了燃燒，無數的燈泡就被製造出來了。

在萊特兄弟（Wright brothers）之前，許多發明家已經非常接近發明飛機了。萊特兄弟除了用別人用過的同樣的原理外，還加上了更多的東西。

他們創造了一種新型的機體，在別人失敗了的地方，他們卻成功了。

那「更多的東西」是相當簡單的：

他們把特別設計的可動的襟翼附加到機翼邊緣，使得飛行員能控制機翼，保持飛機平衡。這些襟翼是現代飛機副翼的先驅。

你會注意到：這些成功的故事都有一個共同的特點。在每個故事中，那隱祕的成分就是應用了先前未被應用的普遍規律。

這就是成功與失敗的差別之所在。所以，如果你站在成功的門檻上而不能超過去，你就努力加上更多的東西。

這個「更多的東西」並非需要實質的很多。「嗨！嗨！萬歲！」這三個表示歡樂的詞就是使得無人問津的歌曲成為最風行的歌曲的全部。

在貝爾之前，就有許多人聲稱他們發明了電話。

在那些取得了優先專利權的人中，有格雷、愛迪生、多爾拜爾、麥克多那夫、萬戴爾威和雷斯。

雷斯是唯一接近成功的人，造成巨大差別的微小差別是一個單獨的螺釘。

雷斯不知道如果他把一個螺釘轉動 1/4 周，把間歇電流轉換為等幅電流，那麼他就早該成功了。

跟萊特兄弟的事例一樣，貝爾所增加的「更多的東西」是比較簡單的，他把間歇電流轉換成等幅電流。

這是能夠再生人類語言的唯一的電流形式，貝爾能保持電路暢通，而不像雷斯那樣間歇地中斷電流。

美國最高法院作出結論：

雷斯絕沒有想到這一點，未能用電信的方式轉換語言。

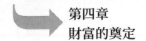

貝爾做到了這一點，所以他成功了。

在這種情況下就不能堅持認為雷斯所做的東西是貝爾發明的前奏。

支持雷斯就是失敗，支持貝爾才是成功。這兩者的僅僅是失敗與成功的差別。如果雷斯堅持下去他就可能成功，但他停止而失敗了。

貝爾從事工作，並把工作一直進行到取得成功的結果。

美國最高法院的判決是正確的。

加上最後的一點，就像把別人已擱置的 99 度的熱水再加上一度一樣。燒開了水的人是你，而不是別人。

# 節約每一分錢

　　一個年輕人在整整 5 年或說 10 年中拿的薪水都很高，但是他沒有任何積蓄，所以在突然失業後，便流離失所，沒有了安身之地。可是他並不從自身尋找原因，而是埋怨自己太倒楣了。其實，這件事給他的教訓十分深刻，他應該銘記一生。

　　如果這個青年能冷靜下來反省一下自己，不再無端地抱怨運氣不佳，那麼他會聽到自己內心的那個冷靜的、微小的聲音在訴說著，他不應該沒有緣由地浪費他辛苦賺來的每一美分。當然，我們不應該吝惜正當的、合情合理的娛樂費用，因為，這樣的娛樂不會留下負面影響，而且可以留下終生難忘的美好記憶，無論什麼艱難困苦都不會將其從我們的記憶中抹去。

　　一個青年突然失去了工作，這令他很意外，因為他對此毫無準備。一直以來，他從不考慮儲蓄，以備不時之需，現在他意識到了儲蓄的重要性，可是已經來不及了。「我非常後悔，」他傷心地說，「如果我能夠每天存上 10 美分，這些年來一直堅持下去，現在不算利息，也有 500 美元的積蓄

了。何況，我不會只存這麼一點兒錢。從前，我太傻了，現在我悔不當初。這真是自己摘的苦果自己嘗！」

在現實生活中，不屑一顧的小事有時也會造成很嚴重的後果。不積跬步，無以至千里；不積小流，無以成江海。點滴的累積似乎微不足道，但是忽視它卻會造成難以彌補的損失。

對於任何人來說，一美分似乎微不足道，但是它卻是財富得以生長的種子。如果我們把花籽、菜籽播種在肥沃的土壤裡，然後施肥、澆水、精心地呵護，那麼不久後我們就會收穫嬌豔的鮮花和鮮嫩的蔬菜。如果我們足夠幸運，也許可以栽上一株含苞待放的花，否則只有播種，才能有所收穫。

人人都希望擁有一棵財富之樹，人人都渴望得到財富之樹的種子，但是他們卻不知道，每一枚硬幣都是一棵財富之樹的種子。如果你想在年老時過上舒適安逸的生活，那麼從現在開始你就要學會累積。

人們發現，世界上最困難的事情莫過於節儉度日、量入為出了，許多人甘願辛苦地工作，也不願過節儉的生活，如果一個人能夠合理地利用自己的收入，開源節流，避免無謂的浪費，那麼只要是一個四肢健全、頭腦清醒的人就能夠自給自足，但不幸的是，能夠做到節儉度日的人卻只占少數。許多人的收入很高，但他們從不拿出一小部分作為積蓄以備

疾病或者失業等的不時之需,當突遇危機、資本家凍結資金不再投資、工廠倒閉的時候,他們便被這些突發事件弄得措手不及,陷入了困境,甚至走投無路。那些從不考慮將來、從不為將來做準備的人,日後一定會輸得比乞丐更慘。

當有人問菲利普‧阿莫,什麼特質使他成功的時候,菲利普‧阿莫說:「節儉和講究經濟,我認為這兩點是最關鍵的原因,我從我母親對我的教育中獲得並繼承了蘇格蘭先輩們的節儉、講究經濟原則的優秀傳統,因此,一個人如果有一定的才華和頭腦,並且不失為一個節儉、誠實和有經濟頭腦的年輕人,那麼他會擁有很多財富,根本不會走投無路。」

羅素‧塞奇曾經說:「我要告訴每一個年輕人,養成節儉的習慣是積聚財富的最好辦法。在開始的時候,即使只節約幾分錢也要強過不做任何儲蓄。隨著時間的推移你會發現儲蓄並不困難,只要你持之以恆就會使銀行的儲蓄快速增長起來。有人總是花光所有的積蓄,因此他只能為沒有富裕起來而悲嘆。」

安德魯‧卡內基認為,一個人首先應該學會存錢,在以後的日子裡,才能養成逐漸節儉的好習慣。節儉不但是財富的創造者,是文明人的最低生活底線,而且還是修身養性、韜光養晦的好方法。

第四章
財富的奠定

# 借錢生財

　　累積財富者除了用自己的智慧和勤奮創造財富外，最根本的一條就是要學會節儉。實踐節儉的方法很簡單。賺多花少，這是第一條原則。一定比例的收入應該用於將來。賺少花多的人必定是傻瓜。民法對待揮金如土的人與對待瘋子的做法很接近，就是經常取消他們管理自己事務的資格。

　　第二條原則是要支付現款，不要在任何地方欠債。債務纏身的人喜歡欺騙他人，容易變得不誠實。償還債務的人會使他本身變得富有。

　　第三條原則是不要預計不確定的利潤並在錢到手前就把它們花出去。利潤未必能到手。這樣你就會債務纏身而且有可能永遠難以自拔。債務就會壓垮你的雙肩。

　　節儉的另一個方法是把你的所得和花銷做成定期的帳目。一個規劃得當的人事先就知道他要什麼，並能為這些東西拿出必要的錢。家庭預算能夠平衡，他的花銷也必能收入為界。

　　節儉的精確限度是難以確定的。培根說過，人應該量入為出花銷不應超過收入的二分之一，餘下的應積蓄起來。但

這樣做可能太精確了，培根自己都沒有做到，一個人的多少收入應花在房租上？這取決於環境。在鄉下是十分之一，在倫敦是六分之一。無論如何，省得越多花得越少，那就越多。可以補救第一次所犯的錯誤，但以後的錯誤補救起來就沒那麼容易了。對於那些很大的家庭來說，積蓄的錢越多，就越有利。

節儉很有必要，這對中等收入者和相當貧窮的人都一樣。不節儉就不會慷慨，因為他不能參加社會上的任何慈善工作。如果他把收入都花完了，他就無力幫助任何人。他不能以適當的方式來教育孩子，使他們有一處適當的生活與事業的起點。培根的例子說明即使最高超的才智忽略了節儉同樣是危險的。而每天都有成千上萬的證據證明，即使智力最一般的人也能成功地實踐節儉這一美德。

雖然英國人是勤勞、努力工作、一般也是自我克制的民族，他們也肯定能夠以他們本身和他們的努力在世界上得到相應的地位並獲得發展，但他們有點忽視能改善狀況並確保社會福利的某些最好的有用方法。他們在做到性情溫和、節儉樸素和深謀遠慮上接受的教育還賺不夠。他們為現在活著，極少考慮將來。身為丈夫和父親，如果他們供給了現在的家庭所需，而沒有考慮出來，那麼他們通常被認為已經盡到了責任。英國人雖然很勤勞卻缺乏遠見；雖然很能賺錢卻

揮金如土。他們並未做到足夠的深謀遠慮，缺乏節儉。

然而各行各業的人們受這樣想法的影響太少了。他們習慣於入不敷出——至多是收支相抵。上流社會在炫耀生活，他們必須保持「社會地位」，他們必須擁有豪華的住宅、漂亮的馬匹和馬車，吃山珍海味、喝名酒，女人們必須要穿昂貴華麗的衣服。這樣，奢侈浪費的做法不顧一切，卻往往讓人心碎，使希望破滅，使雄心受挫。

「上梁不正下梁歪」。中產階級努力模仿貴族氣派，他們要裝修住宅，穿華麗的衣服，給馬車加上豪華的布篷。他們的女兒要學習「家政」，關注「上流社會」，騎馬駕車，經常去歌劇院和戲院。炫耀一時風行，人們互相比較，各種荒唐有害的做法一浪高過一浪。這樣的惡習還在蔓延。

對於勞動階級來說，他們收入更少，而且剛剛收支相抵。但只要他們有點錢，他們就很少考慮如何對付以後可能的艱難歲月；一旦不幸真的降臨，就只有家徒四壁的屋子能造成遮風避雨的作用，但這並不能解決物品的匱乏。

因貪婪而吝嗇與因節儉而省錢是完全不同。節省錢的做法都是一樣的——不要浪費，節省每一樣東西，但目的的差別很大。吝嗇鬼的唯一快樂來自吝嗇。節儉精明的人在享受和舒適上花的錢以他的承擔能力為限，而餘下的則要為將來而積蓄。貪婪的人把金子視為神物，視為他的生命，他對之

頂禮膜拜；而節儉的人把金子視為有用的工具，視為提高他個人以及家人享受的手段。吝嗇鬼從不滿足，貪得無厭，他累積的財富遠遠超過他能花銷的程度，但往往死後那些財富為他人揮霍一空，尤其是揮金如土的浪蕩子；而節儉的人沒有想過累積多少財富，而是著眼於在財富和舒適方面都確保得到相對公平的一份。

經濟節儉地支配收入是所有人的職責，年輕人和老人都一樣。如果一個人結婚了呢？履行節儉的義務就更有約束力了，他的妻兒是他這樣做強而有力的理由。萬一他過早去世，難道要讓妻兒在這個無助的世界上掙扎嗎？

慈善之手是冰冷的，施捨得來的東西與勤勉、艱苦勞動、誠實的積蓄所獲得的東西相比一文不值，後者本身就意味著福祉和舒適，而且不會對無助者和一無所有的人造成傷害。因此要讓每一個能這樣做的人努力地去節約和積蓄，不要揮霍浪費，要使他的小小積蓄豐厚起來，這就有助於增加他本人的以及他過世後其家人的幸福。

在為了有價值的目標而節儉金錢這樣一個努力過程中展現了尊嚴，即使這種努力最後並沒取得成功。它產生了井然有序的想法，使節儉戰勝了奢侈浪費，使美德戰勝了邪惡；它能控制激情，消除憂慮，確保舒適的生活。

節省金錢，即使不多，也可以少流很多眼淚，避免痛苦

與心神不安，否則的話這些痛苦與不安就會降臨到我們頭上。擁有一小筆錢，人的步伐就更為輕鬆，心兒也跳得更加歡快。當發生失業或不幸降臨時，他能夠泰然地面對這一切，他可能依靠自己的資本，可以避免或中止情況的惡化。透過節儉樸素，我們了解到了一個人的尊嚴，生活將成為一種福祉，而晚年也將享有榮譽。

當我們走到生命的終點之時，我們會意識到我們並未給社會增加負擔，或許恰恰相反，我們成為社會的財富與榮耀；而且還會意識到，由於我們的自立，孩子們就會以我們為榜樣，並得到我們留給他們的財富，這樣他們就會以快樂和自立的方式生活在世界上。

人生的第一職責是發展、教育和提升自我，同時也要以合理的方式來幫助自立的兄弟。每個人所共有的自由意志和自由行動的能力都很大；這一事實已經為很多例子所證明，他們最初的環境非常不幸，但他們成功地在逆境中抗爭並克服了困難；他們從社會最底層和貧困的深淵中脫穎而出，彷彿是為了證明充沛的精力、目標的堅定就可以使社會獲得上升、發展與進步。難道人性的偉大、社會的榮耀、國家的力量不正是勇於面對並克服艱難困苦的結果嗎？

一個人決心要成功時，他已經跨出了成功的第一步。良好的開端是成功的一半。正是在發展自己的過程中他才最有

可能推動他人的利益。他給了別人最有說服力的說法，而榜樣的力量與言詞上的教誨相比更具有感染力。他做的事其他人爭相仿效。以他自己為榜樣，他以最令人難忘的方式教會了別人要履行自我改造和自我提高的職責，如果大多數人像他那樣做，從總體上說社會將會變得多麼開明、多麼幸福、多麼繁榮啊！社會是由個人組成的，因此社會的幸福與繁榮（或者與之相反）程度是與組成社會的個人狀況相一致的。

對社會待遇不公的抱怨自古以來就有。在色諾芬（Xenophon）的節儉中，蘇格拉底問：「為何有的人生活富裕而且有所積蓄，而其他人生活必需品都很匱乏而且同時債務纏身？」伊斯馬薩斯答道：「原因在於前者專注於他們的事業而後者卻對事業不加考慮。」

多數情況下，人的差別基於才智、行動與精力。最優秀的品格從來不會碰巧出現，而是在美德、節儉與深謀遠慮的影響下造就的。

當然，世界上還有很多人在犯錯誤。那些指望別人垂青而不是自力更生的人難以成功。吝嗇鬼、無足輕重的人、揮金如土和鋪張浪費的人必定會失敗。事實上大多數人的失敗是他們本身應得的。他們以錯誤的方式來安排工作，而經驗好像對他們沒有任何幫助。

其實，運氣並不像有些人想的那樣能發揮那麼大的作

用。幸運只不過是實際事務有效管理的代名詞罷了。黎塞留過去常說他不會繼續僱傭一個不幸的人 —— 換句話說,即一個缺乏實際能力、不能從經驗中得到教訓的人。過去的失敗常常是未來失敗的徵兆。

在現實生活中,我們希望一切條件都已就緒,而不是為它作準備。我們自然就喜歡目標清晰並能以迅捷直接的方式達到目標的人;喜歡那些能以生動語言描繪做事步驟的人。

成功的願望,即使是累積財富的願望,並不是沒有用處的。毫無疑問,人的內心深處總希望變好而不是變壞。事實上,累積財富的願望構成了人類社會不斷發展的重要動力之一。

它為個人的精力與活力提供了堅實的基礎,它是海運和工商業的開端,它是勤勞同時也是自立的基石,它鞭策人們努力工作、從事發明並去超越別人。

沒有一個懶惰的人或奢侈浪費的人最後成了偉人。而正是在那些珍惜一分一秒的人中我們發現了推動這個世界發展的人 —— 透過他們的知識、他們的科學或創造發明。勞動是生存的一種條件。「勞動是神強加於子民身上的負擔」,這一思想自蒙昧時代以來就為人所知。

# 我要有錢

人的生理和生存需求並不是致富的動力或泉源，就如在動物生活中找不到任何相同或相似的財富追逐現象，因為它不能順應基本的目標，也不能滿足根本的需求。

致富的含義就是獲得超過自己需要的東西。這看起來漫無目標，卻是人類最強大的驅力。也可以這樣說，世間一切事業歸根到底都無非在於致富，而致富恰是人生的終極。

但在致富之前，我們必須了解金錢的實質與祕密。

縱觀歷史，不難發現，人類為金錢而互相傷害所造成的危害，遠遠超過其他的原因。

一般來說，金錢是價值的尺度、交換的媒介、財富的象徵。但是這種說法不但忽略了金錢令人陶醉、令人瘋狂、令人激動的一面，也將愛錢的心理拋開了。

約翰·吉恩斯就曾這樣描寫到：「愛錢是一種多多少少有些噁心的病態，一種半罪惡、半病理，最後我們戰戰兢兢地將自己交給神經專家研究的癖好。」

馬庫斯·雷內爵士也曾不止一次地表示：「金錢是人情的離間力。」

第四章
財富的奠定

世上金錢的種類有很多，但概括起來主要有以下幾種：

有血腥錢和血汗錢，良心錢和骯髒款，輕鬆錢和苦力錢，該焚毀的錢和光榮的錢；

有國王餽贈的重金，也有娼妓賣身的銅臭；

有情婦的費用，也有妻子的津貼 —— 零用錢、消費錢、銀行存款；有些是歹徒罪惡的報酬，有些是富翁的餽贈；

某些費用人人出得起，有些價碼卻昂貴得令人咋舌；

……

金錢的外表雖然相同，但卻隱藏了許多差異。血腥錢買不到合法收入所帶來的一切，國王的贈金和中獎的財富也截然不同。

事實上，金錢的交換率是騙人的鬼把戲。我們用金錢能買到東西的外表和形體，就自以為能買到一切，其實，我們的收穫非常可憐。

以塞亞說：「金錢的最大特性就是不能滿足人。」

富翁邁克‧亞格也發出這樣的感慨：「我得不到金錢的滿足。」

儘管如此，但追求、積聚這種不能滿足人類靈魂的東西卻是人類文明中最強的驅動力，雖然熱衷於金錢遊戲的人往往拚命否認這一點。這種激情在某些人的心目中仍然很模糊，但仍是人類最後一項可恥的祕密。

　　也許正因為如此，儘管金錢這個題材枝節叢生，卻很少有人探討過。

　　當然，誰也無法否認，經濟學和經濟問題受到了廣泛而又積極的注意。研究經濟難題卻排除了對金錢的渴望——潛在的衝動、渴求、執迷，將二者完全隔離的做法簡直令人難以置信。

　　種種跡象顯示，對金錢的熱情在美國和西方其他先進國家已接近崇拜。但愛錢並不是西方的獨有個性，世界各國都有一樣的作風。

　　民間習俗中永遠不忘記膜拜「財神」；希伯來人崇拜金牛；希臘神話中不屈的跑將荷米斯也是利潤之神；埃及人在國王的陵墓裡放滿財寶，使死者在赴天堂的旅程中不擔心錢財的匱乏；在某些原始部落中，富翁擁有百萬貝殼。

　　在神話故事裡，不管是歐洲故事或《一千零一夜》，「從此過上快樂的生活」都是指富有的生活。

　　由此可見，人們就算不可能真的一夜暴富，但心中致富的慾望之火卻一刻也沒有熄滅過。在很多人的眼裡，財富是一個夢想、一個神話，即使現在也是如此，但現在它卻有了實際的基礎和實現的可能了。

　　人類嶄新的賺錢可能性就在眼前，大家都有致富的機會。以前，這種機會沒有實現的可能性，致富的夢想需要屈從現實原則。但現在這是人人都可能發生的事情，儘管現實中只有少數人有此幸運。

# 賺錢應具備的特質

在佛洛伊德所描寫的正統「肛門滯留人格」（Anal retentiveness）身上，可以發現三大特性，過度有條理、節儉和固執。金錢成功者也有這些特性。

首先，金錢成功者以條理清晰而著名；在公事上，他們最看不慣工作亂糟糟、缺乏效率的團隊成員，所以很樂意為條理而犧牲人情的體貼。

人類工作愈接近絕對可測量的機械化程度，這種人就愈高興。他們對效率的熱情完全在生產線上實現，人類的行動化為旋轉螺絲等幾個簡單、可控制的動作。

福特公司的員工抱怨道：「工作很煩人，令人沮喪、退化，只因為薪水還不錯，我們才勉強忍耐。」

公司經理則說：「假如一切都化為簡單、重複的動作，一次不到一分鐘，就可以訓練每一個人來做，錯誤的可能性就可減到最低程度。」

美國曾有人試圖將工作時間降到 15 秒，使過程更簡單。

另一方面，有人則打算放棄生產線，認為把人變成自動機器太不人道了。問題並不在於利潤，因為事實證明，考

慮到人性尊嚴，增加工作的滿意度，會收到無數產業上的利益。

真正的問題是，生產線對於有條有理的「肛門型人格」具有很大的誘惑力，這種人是董事會補充新血的對象。

現代商業領袖不贊成未知、不可控制的因素，他們希望每一個偶發事件都能測量、預測。這當然是錯誤的觀念。請假、罷工、裝病和健康崩潰最能破壞時間表，使很多預測變得毫無意義。

劍橋教授伊弗・米爾斯說：「強調不斷增長的效率最違反自然法則，工人受到太大的壓力就會生病，或者使用罷工來消除緊張。社會對人類自然的反效率行動，若能更容忍，一定會有更好的效果。」

不過，「肛門型」的人會告訴自己說，就因為他的桌子整潔、情報保持更新、統計和圖表都詳細規劃出一切，因此萬事就順利了，至少他相信如此。這些人成為效率狂，永遠在做算術，也就是把他們特殊的成本分析表用在每一個行動上。一切都變為成本效益的問題。

這看起來似乎很合理，至少財務上如此。但是，卻忽略了個人所承受的副作用以及累積的後果。

當然，這種性格也有幾個明顯的優點。在很多行業裡，有條不紊是最重要的，如果我們經營銀行、保險公司和交易

所，就要「肛門型」的人來掌權。其他人絕對不適合這種枯燥的工作。

正如一位著名的工業巨頭所說：「無論高層管理者的工作多麼重要，總是例行公事，著迷於突然狂歡的人是做不出來的，必須由靜坐來思考事實和數字，並只憑這兩點來決斷策略。」

金錢成功者還具有我們社會認為很有用的一個優點。歐內斯特‧瓊斯（Ernest Jones）發現，這種人若有一分責任感，就會把一切行動賦予道德力量。他們也把這一點帶到賺錢事業上，所以它就變成一種肯定性的責任了。

大家都見過這種人，頻繁地在電視和報紙上用最高尚的語調論談國家所面臨的處境，個人必須接受的稅款負擔，大家所面臨的經濟需求、唯一的選擇，否則就會遭致可怕的現實打擊等等。這種人具有強大的「事情應當如何」的感受，而且不容爭辯。

在這類人小時候形成個性的環境裡，他培養了「他必須」或者「他不可以」等等的習慣去做自己應該做的事情。他心裡把秩序看成一種最必要的規則，因此也要求別人必須有條理。

在他對責任、事情慣例和原則的信念中，我們可以看出他小時候一定受過道德的教育，灌注了最早的紀律。他會告

訴你，世上有對有錯，他從小就學會了正確的行徑。這也使他喜歡強迫別人，而且自以為是。

金錢成功者的第二個肛門型特質是固執，這種人在賺錢的場域上有各式各樣的表現，比如頑強、堅毅、穩固和保守。這些特性在某些固定的金融交易和機構中都有它們的用處。

老牌的保險公司管理大筆的鈔票。1969 年「精打細算公司」有 20 億資產，投資的事業每星期又有 200 萬的進帳。處理這些錢的人自然要有堅毅的把持力，否則他就會把這一大筆錢拿去做冒險的投資，這對於靠穩定的利息過退休生活的人來說，可能是一大災難。因此經營這些公司的人應該向保險客戶談談他們的責任，也就是他們的信託任務。

這些經營者通常都盡量不從事工業上的大競爭，雖然他們往往是決定股權的投資人。他們完全根據資產負債表和股票的所得率來決定他們的行為和投資。他們保守而緩慢的行徑平衡了神童和暴起型的人物。這種人的缺點是不願意做以前沒做過的事情。也可以這麼說，這些固執者不敢離開已定的格局。

金錢成功者的第三個肛門型特性是節儉。例如，保羅·蓋迪（（Paul Getty））在英國蘇頓城的家中設了一個電話費付款箱便是一個例證。卡爾·亞伯拉罕曾治療過一個守財奴的病，他不肯扣上西裝鈕扣，怕扣眼磨舊，也許他還有別的

動機。不願意出錢的心理在一般不肯付帳的行為中可以看出來。這種人一定要債主再三地催討，無論他們有多少錢，總是不願意放走一分一毫。

他們的節儉已經到了尖刻和吝嗇的地步，所以比「肛門性格」的其他特徵更明顯地源自神經系統。其他特徵則較易被我們的社會所接受，認為合情合理。

亞伯拉罕指出，通常有丈夫嚴厲反對妻子提出的某種消費要求，拒絕的原因是負擔不起，然後卻「自顧」付出比妻子要求更大的數目。於是一道曲折的合理化過程發生了，比如他說服自己現在這筆費用可以付，因為最後反而會省錢等等。

有人買一大堆牙膏和肥皂，只因為是大跳樓的價格。有人是「貪小便宜魔人」，一年四季都在計算最划算的買法，他們心中有各種比價的表格，能立刻找出一個暗藏的價目，比你說出奸商的姓名還要快。

在某些人的心目中，生命中的問題可以立刻化為數目。他們把一切歸納成數字，相信自己的行為絕對明智合理，因為他們不容自己受印象、行動、廣告或包裝所動搖。他們已經透過計算找到事實的核心。

無論某些金錢成功者的節儉行為多麼讓人無法認可，但誰也無法否認節儉對金錢成功者的積極作用。因為沒有節儉就沒有累積，沒有累積就談不上金錢的成功。

電子書購買　　　爽讀 APP

國家圖書館出版品預行編目資料

突破貧困，智慧與速度的財富遊戲：重塑金錢觀、
培養行動力，從內在渴望到外在成就，探索致富
的深層策略！/ 趙劭甫，刑春如 主編 . -- 第一版 .
-- 臺北市：財經錢線文化事業有限公司 , 2024.04
面；　公分
POD 版
ISBN 978-957-680-863-0( 平裝 )
1.CST: 金錢心理學 2.CST: 理財
561.014　113004367

## 突破貧困，智慧與速度的財富遊戲：重塑金錢觀、培養行動力，從內在渴望到外在成就，探索致富的深層策略！

臉書

主　　編：趙劭甫，刑春如
發 行 人：黃振庭
出 版 者：財經錢線文化事業有限公司
發 行 者：財經錢線文化事業有限公司
E - m a i l：sonbookservice@gmail.com
粉 絲 頁：https://www.facebook.com/sonbookss/
網　　址：https://sonbook.net/
地　　址：台北市中正區重慶南路一段六十一號八樓 815 室
Rm. 815, 8F., No.61, Sec. 1, Chongqing S. Rd., Zhongzheng Dist., Taipei City 100,
Taiwan
電　　話：(02) 2370-3310　　傳　　真：(02) 2388-1990
印　　刷：京峯數位服務有限公司
律師顧問：廣華律師事務所 張珮琦律師

定　　價：299 元
發行日期：2024 年 04 月第一版
◎本書以 POD 印製
Design Assets from Freepik.com

# 獨家贈品

親愛的讀者歡迎您選購到您喜愛的書，為了感謝您，我們提供了一份禮品，爽讀 app 的電子書無償使用三個月，近萬本書免費提供您享受閱讀的樂趣。

ios 系統

安卓系統

讀者贈品

請先依照自己的手機型號掃描安裝 APP 註冊，再掃描「讀者贈品」，複製優惠碼至 APP 內兌換

優惠碼（兌換期限 2025/12/30）
READERKUTRA86NWK

爽讀 APP

📖 多元書種、萬卷書籍，電子書飽讀服務引領閱讀新浪潮！

🎧 AI 語音助您閱讀，萬本好書任您挑選

🔍 領取限時優惠碼，三個月沉浸在書海中

🔔 固定月費無限暢讀，輕鬆打造專屬閱讀時光

不用留下個人資料，只需行動電話認證，不會有任何騷擾或詐騙電話。